Liebe Schülerin, lieber Schüler!

In der Schule habt Ihr sicher schon die Erörterung behandelt, vielleicht auch einmal eine gemeinsam geschrieben. Nun aber soll ein jeder selbst ein Erörterungsthema bearbeiten; das macht Dir Schwierigkeiten. Du kommst Dir dabei irgendwie hilflos vor, Du weißt nicht, wie Du dabei vorgehen sollst.

Dieses Programm kann Dir helfen. Es sagt Dir, was Du beachten mußt, wenn Du ein Thema aussuchst, wenn Du Stoff dazu sammelst und nachher ordnest. Es nimmt Dir hoffentlich auch die Angst vor der schwierigen Gliederung und zeigt schließlich, wie daraus eine gute Erörterung wird.

Mit diesem Programm kannst Du allein arbeiten. Die Aufgaben sind verständlich gestellt, und die Lösungen stehen immer unmittelbar dabei. Das hat den Vorteil, daß Du nicht lange nachblättern mußt. Mit Hilfe von Prüfungsfragen kannst Du feststellen, ob Du die einzelnen Lerneinheiten mit Erfolg durchgearbeitet hast.

Folgendes sollst Du besonders beachten:

1. Die *Lösungen* zu den einzelnen Aufgaben stehen jeweils unter einer *gestrichelten Linie* – – – – – – –. Man *deckt* sie am besten mit einem Blatt *zu*.

2. Mündliche oder schriftliche *Aufgaben* sind am Rand mit einem *Sternchen* * gekennzeichnet.

3. *Beachte* die besonders eingerahmten *Merkblätter*!

4. Arbeite *pro Tag* nicht mehr als *ein Kapitel*.

Nun wünsche ich Dir viel Erfolg bei der Arbeit mit dem Aufsatzprogramm!

Gerhard Widmann

Wie man eine Erörterung erarbeitet
(Protokoll einer Nachhilfe)

Vorgeschichte

Deutschstunde in einer 9. Klasse. Der Deutschlehrer gibt die Themen für einen Haus-aufsatz bekannt:

1) *Ursachen des steigenden Alkoholkonsums bei Jugendlichen*
2) *Worin siehst du die Vor- und Nachteile eines Verbrauchergroßmarktes?*
3) *Ausbildungsberuf oder Anlernberuf?*
   Begründe deine Meinung!

„Schreibt eine Erörterung!" sagt der Deutschlehrer.

Andrea hat im Deutschen bisher eine Drei gehabt. Bis zum Zwischenzeugnis könnte sie eine Zwei schaffen. Der Hausaufsatz (er zählt wie eine Schulaufgabe) wird die Entscheidung bringen. Die Erörterung ist für Andrea eine neue Aufsatzart, da braucht sie etwas Hilfe. Die soll sie von Herrn Martin, ihrem Nachhilfelehrer, bekommen.

Andrea kommt also mit ihren Themen zu Herrn Martin.

Andrea: Ich weiß nicht, welches Thema ich wählen soll. Welches ist für mich am günstigsten? Können Sie mir dabei helfen?

1. Stunde

Die Auswahl des Themas (die Themaanalyse)

Hinweis: **Herrn Martin** bezeichnen wir im folgenden einfach mit **M, Andrea** mit **A.**

M: Die Wahl des Themas ist sehr wichtig. Man muß sich Zeit dabei lassen und jedes Thema durchdenken.

A: Wie geht man dabei vor?

M: Man *untersucht* jedes Thema sehr genau. Wir sagen auch: Man *analysiert* es.

A: Wie macht man das?

M: Man sucht zuerst den *Leitbegriff* (gelegentlich sind es auch *zwei* oder *mehr*). Manchmal spricht man auch vom *Themabegriff*.

A: Da kann ich mir nichts darunter vorstellen!

M: Sieh dir einmal die folgende kleine Übersicht an. Da wird dir an einem beliebigen Thema gezeigt, wie man den Leitbegriff finden kann. Du wirst feststellen, daß der *Leitbegriff* jener Begriff ist, der auf den Themenbereich hinweist, zum Bereich, um den es im Thema geht, *leitet*.

(Eine **Zwischenbemerkung** an meinen Leser: Ich nehme stillschweigend an, daß er sich schon in die Rolle von Andrea versetzt hat und alle Aufgaben geduldig löst, die sich Herr Martin für Andrea ausgedacht hat!)

---

* Hier also die angekündigte Übersicht. L i e s sie gründlich durch!

(Ein **Sternchen*** am Rand bedeutet: hier ist eine **mündliche** oder **schriftliche Aufgabe** zu lösen.)

dies ist das **Thema**	1. **Frage:** Um welchen **Bereich** geht es?	2. **Frage:** Welcher **Begriff** weist („leitet") auf diesen Bereich hin?
Vor- und Nachteile der starken Motorisierung	um den Bereich **Technik** (genauer: **Verkehr)**	der Begriff *Motorisierung*

A: Das Ergebnis lautet also: Der Begriff *Motorisierung* ist der Leitbegriff. Aber weshalb ist denn der Leitbegriff so wichtig?

4

M: Er gibt unserer Arbeit die Richtung. Er sagt, worum es geht. Deshalb müssen wir genau verstehen, was mit dem Leitbegriff gemeint ist, sonst bearbeiten wir nicht die gestellte Aufgabe, sondern eine andere.

A: Das wäre dann eine *Themaverfehlung!*

M: Ganz richtig. Nun aber zu den Themen, die dir dein Lehrer gestellt hat.

* S u c h e den **Leitbegriff** im ersten Thema!

(Die Lösung zu einer Aufgabe steht immer **unter** einer **gestrichelten Linie** – – – – – – – –. Du **deckst** sie am besten mit einem Blatt **zu!**)

Ursachen des steigenden Alkoholkonsums bei Jugendlichen

Der **Leitbegriff** heißt: *Alkoholkonsum*.

Nun zum zweiten Thema!

Worin siehst du die Vor- und Nachteile eines Verbrauchergroßmarktes?

* S c h r e i b e den **Leitbegriff** auf!

Der **Leitbegriff** heißt: *Verbrauchergroßmarkt.*

Beim dritten Thema hat Andrea Schwierigkeiten.

Ausbildungsberuf oder Anlernberuf?
Begründe deine Meinung!

* Wie heißt der Leitbegriff? S c h r e i b e auf!

Hier sind **zwei Leitbegriffe** enthalten: *Ausbildungsberuf* und *Anlernberuf.*

A: Es ist eigentlich gar nicht so schwer, die Leitbegriffe herauszufinden!

M: Dieser Meinung bin ich auch. Nicht ganz so einfach ist da schon der nächste Schritt: Man muß *verstehen,* was mit dem Leitbegriff gemeint ist! Gleich eine Aufgabe dazu.

* S c h r e i b e auf, was mit jedem der vier Leitbegriffe aus unseren Themen gemeint ist!
E r k l ä r e sie kurz mit eigenen Worten!

Alkoholkonsum = ?   *Ausbildungsberuf* = ?
Anlernberuf = ?   *Verbrauchergroßmarkt* = ?

Alkoholkonsum:	Alkoholverbrauch
Ausbildungsberuf:	Beruf mit gesetzlich vorgeschriebenem Ausbildungsweg (Lehre)
Anlernberuf:	Beruf ohne vorgeschriebenen Ausbildungsweg
Verbrauchergroßmarkt:	Einkaufslager für Großeinkauf mit Selbstbedienung

Deine Lösung ist richtig, wenn sie denselben Sinngehalt hat!

Bei den Begriffen *Anlernberuf* bzw. *Ausbildungsberuf* hatte Andrea Schwierigkeiten.

M: Das Thema über die Berufe solltest du besser nicht bearbeiten, da dir diese Begriffe nicht klar gewesen sind!

A: Man soll also ein Thema nur dann wählen, wenn man genau versteht, was mit dem Leitbegriff gemeint ist?

M: Ganz recht!

A: Damit haben wir wohl die Analyse des Themas abgeschlossen?

M: Leider nein. Als nächsten Schritt mußt du jetzt die *Themafrage* stellen.

A: Das verstehe ich nicht. Das Thema ist doch eine Frage, weshalb soll ich selbst noch einmal eine Frage stellen?

M: Du hast richtig gedacht. Jedes Thema ist eigentlich eine Frage, die in Form einer *Erörterung* beantwortet werden soll.

A: Na also! Der Aufsatz ist die *Antwort* auf die *Themafrage!*

M: Nur – die Frage, die im Thema steckt, ist nicht immer ganz leicht zu erkennen. Meist ist das Thema nämlich gar nicht als Frage formuliert. Bei unseren drei Themen eigentlich nur eines!

* Welches der drei Themen ist als **Frage** formuliert? (Siehe Seite 1!)

Thema 2: *Worin siehst du die Vor- und Nachteile eines Verbrauchergroßmarktes?*

---

* Wie heißt die Frage in **Thema 3?** Diesmal mußt du die Themafrage erst formulieren!

Ausbildungsberuf oder Anlernberuf?
Begründe Deine Meinung!

Hier gibt es natürlich **keine** eindeutige Formulierung; folgende Lösungen wären denkbar:

Was ist vorzuziehen: Ausbildungsberuf oder Anlernberuf?
Was käme für dich in Frage: ein Ausbildungsberuf oder ein Anlernberuf?
Hältst du mehr von einem Ausbildungsberuf oder von einem Anlernberuf?

* Welche Frage steckt im ersten Thema?

Ursachen des steigenden Alkoholkonsums bei Jugendlichen

- -

Was sind die Ursachen des steigenden Alkoholkonsums bei Jugendlichen?

M: Mit deiner Arbeit hast du bisher zwei wichtige Dinge erreicht:

1. Du hast den *Leitbegriff herausgefunden* und dich bemüht, ihn zu *verstehen.*
2. Du hast die *Themafrage* gestellt.

Jetzt weißt du genau, was jedes Thema von dir will, du hast es analysiert.
A: Das heißt, daß man jetzt das Thema auswählen kann, das man bearbeiten will.
M: Fast, beinahe!
A: Ich werd' verrückt — !
M: Jetzt bleiben noch zwei ganz *persönliche Fragen,* die du dir selber stellen mußt.
A: Da bin ich aber gespannt!

1. Frage: Was weiß ich zu dem Thema? Habe ich mir schon einmal Gedanken
darüber gemacht?
2. Frage: Macht es mir Spaß, mich zu diesem Thema zu äußern?

A: Ich verstehe, unser Lehrer sagt auch immer: Verfolgt wichtige Sendungen im
Radio oder im *Fernsehen,* macht euch *Notizen* dazu! Wir sollen auch regel-
mäßig *Tageszeitungen lesen* und *Artikel ausschneiden,* damit wir über die
verschiedenen Themenbereiche etwas wissen.
M: Das sind gute Ratschläge!
A: Nun muß ich also eins von den drei Themen wählen. Die erste wichtige
Entscheidung!
M: Dann mal los!
A: Ja, welches Thema wähle ich bloß? Alkoholkonsum bei Jugendlichen — das ist
eigentlich ein sehr aktuelles Thema, da haben wir uns im Unterricht und unter
uns Schülern schon oft unterhalten. Über Berufe allerdings auch, d. h. speziell
über Anlernberufe oder Ausbildungsberufe habe ich bisher noch nicht nachge-
dacht; dieses Problem ist mir noch gar nicht aufgefallen.
M: Dann solltest du besser nicht darüber schreiben. Denke an die Frage: „Habe ich
mir schon einmal Gedanken darüber gemacht?"
A: Das stimmt. Und das Thema über den Verbrauchergroßmarkt? Zu so einem
Großmarkt fahr ich immer mit meinen Eltern hin. Ich fahre aber gar nicht gern
hin, dort ist es so schrecklich langweilig. Nein, da denke ich lieber erst nicht

dran. Das würde mir keinen Spaß machen, wenn ich darüber schreiben müßte.

M: Dann bleibt wohl nur das erste Thema?

A: Ja, das nehme ich, das betrifft mich am meisten. Ich habe auch schon öfter mal ein Glas Bier oder Wein getrunken. Es ist schwer, da zu widerstehen.

M: Für heute haben wir schon eine Menge geschafft: Wir haben das Thema ausgewählt und vor allem ein passendes gefunden. In der nächsten Stunde können wir dann mit der Bearbeitung beginnen. Zum Schluß hätte ich aber gerne noch gesehen, ob du dir das Wichtigste von heute gemerkt hast!

* E r g ä n z e die folgenden Sätze!

So geht man bei der Auswahl eines Themas vor:

1) Man liest jedes Thema gründlich durch.
2) Man analysiert die einzelnen Themen, indem man
   a) jeweils den L . . . . sucht und sich bemüht, ihn zu ver . . . . . . ,
   b) die Th . . . . stellt.
3) Zum Schluß stellt man sich selbst noch folgende Fragen:
   a) Was w . . . ich über das Thema?
   b) Macht es mir . . . . , mich – – – – – .

- -

Die **Lösung** gibt Herr Martin Andrea als **Merkblatt** mit nach Hause:

M e r k b l a t t 1

So geht man bei der Auswahl eines Themas vor:

1) Man liest jedes Thema **gründlich** durch.
2) Man analysiert die einzelnen Themen, indem man
   a) jeweils den **Leitbegriff** sucht und sich bemüht, ihn zu **verstehen,**
   b) die **Themafrage** stellt.
3) Zum Schluß stellt man sich selbst noch folgende Fragen:
   a) Was **weiß** ich zu dem Thema?
   b) Macht es mir **Spaß**, mich **zu diesem Thema zu äußern?**

2. Stunde

Die Stoffsammlung

M: Beim letzten Mal haben wir uns vor allem damit befaßt, in unseren Themen die *Leitbegriffe* herauszufinden und zu *verstehen*.

A: Es täte mir gut, wenn wir das noch einmal ein bißchen üben würden.

M: Aber gerne!

* S c h r e i b e aus den folgenden Themen die **Leitbegriffe** heraus!

    1) *Welchen Wert hat eine Urlaubsreise?*

    2) *Gewinn und Gefahren der Ferienarbeit von Schülern*

    3) *Würdest du dich dem harten Training des heutigen Leistungssports unterziehen, wenn du dabei berechtigte Aussichten auf Erfolg hättest?*

- -

Leitbegriffe: *1) Urlaubsreise*   *2) Ferienarbeit*   *3) Leistungssport*

_____

M: Die folgende Aufgabe ist schwierig!

* S u c h e den Leitbegriff und n o t i e r e , was du darunter **verstehst!**

    Vor- und Nachteile der Automation

- -

Leitbegriff: *Automation*

A: Bei „Automation" habe ich geschrieben: „Damit meint man etwas, was von selbst geht". Ich glaube, das ist nicht so gut, oder?

M: Nein. Es gibt viele schwierige Begriffe. Da ist es hilfreich, wenn du dir ein entsprechendes Buch kaufst, z. B. das Jugendlexikon Politik (rororo handbuch 6183). Unter dem Stichwort *Automation* findest du dort folgendes (Auszug):

,,...automatisch heißt selbsttätig, automatisieren heißt (etwas selbsttätig ablaufen lassen). Ein Automat ist ein Gerät, in dem vorbestimmte Handlungen ablaufen: die Hausfrau drückt einen Knopf, und die Waschmaschine wäscht, spült und schleudert . . . Wenn Maschinen nicht mehr von Menschen, sondern von Maschinen gesteuert und überprüft werden, spricht man von Automation.''

A: Wir haben auch noch geübt, wie man *Themafragen* stellt.
M: Auch das sollten wir kurz wiederholen!

* F o r m u l i e r e die **Themafragen** zu folgenden Themen:

a) *Fußgängerzonen – ihre Vor- und Nachteile*
b) *Ferienreisen sind Höhepunkte für den Menschen der Freizeitgesellschaft*
c) *Zeugnisnoten – ein unentbehrlicher Vergleichsmaßstab*

- -

a) 1) Welche Vorteile haben Fußgängerzonen?
   2) Welche Nachteile haben Fußgängerzonen?
b) **Weshalb (inwiefern usw.)** sind Ferienreisen Höhepunkte für den Menschen der Freizeitgesellschaft?
c) **Warum (weshalb usw.)** sind Zeugnisnoten ein unentbehrlicher Vergleichsmaßstab?

M: In der letzten Stunde hast du dich für das Thema *Ursachen für den steigenden Alkoholkonsum bei Jugendlichen* entschieden.

* Wie heißt der **Leitbegriff**? Was ist darunter zu **verstehen**?
- -

Der **Leitbegriff** heißt *Alkoholkonsum*. Darunter **versteht** man den **Verbrauch** von Alkohol.

Wie heißt die **Themafrage**?
- -

Welche Ursachen hat der steigende Alkoholkonsum bei Jugendlichen?

A: Nun kann ich ja mit dem Aufsatz beginnen!
M: Ja, indem du zunächst einmal versuchst, die *Themafrage zu beantworten*.
A: Man nennt das wohl *Stoff sammeln*?
M: Richtig, jetzt schreibst du alles auf, was dir zur Frage *Welche Ursachen hat der steigende Alkoholkonsum bei Jugendlichen?* einfällt.

A: Hoffentlich fällt mir auch etwas ein!

M: Aber sicher! Bei einer Hausarbeit bist du ja gut dran: wenn du nicht mehr weiterweißt, kannst Du in Büchern und in Zeitungsartikeln nachsehen oder einfach andere Leute fragen.

A: Bei einer Schulaufgabe ist das schon schwieriger.

M: Ja, da ist natürlich der im Vorteil, der den Rat eures Lehrers beherzigt hat —

A: — im Radio und im Fernsehen auf wichtige Sendungen achten, Notizen machen, Zeitungsausschnitte sammeln usw., ich weiß!

M: Nun aber an die Arbeit! Hier hast du ein DIN A 4 Blatt, mache einen breiten Rand für Notizen und konzentriere dich auf die *Themafrage*.

A: Kann ich einfach aufschreiben, was mir so einfällt?

M: Natürlich! Daher der Name *Stoffsammlung!*
Am besten, du beantwortest die Themafrage zunächst einmal ganz aus deiner eigenen Erfahrung. Worin siehst *du* die Ursachen des steigenden Alkoholkonsums bei Jugendlichen?

* S c h r e i b e in **kurzer** und noch **ungeordneter Form** auch deine Gedanken zu diesem Thema auf!

Benütze für jeden **neuen Gedanken** eine **neue Zeile!**

- -

Andrea hat zunächst nur an sich gedacht, sie hat sich überlegt, bei welchen Gelegenheiten **sie** zu einem alkoholischen Getränk greift:

bei sogenannten Trinkanlässen (auf Partys oder zu Hause, wenn etwas Besonderes gefeiert wird)
bei Schwierigkeiten in der Schule (schlechte Noten, deswegen Angst vor den Eltern)
Sorge um einen Ausbildungsplatz (Jugendarbeitslosigkeit)
Leistungsdruck, Konkurrenz in Schule und Betrieb
zum Alkohol greift man auch, wenn man sich einsam fühlt

M: Na, das ist doch schon etwas!

A: Aber noch zu wenig, was kann ich tun, damit es mehr wird?

M: Bisher hast du die Themafrage nur von dir aus beantwortet, nun —

A: — sollte ich mir überlegen, was ich zu diesem Thema von *anderen,* also von meinen *Freunden* und *Mitschülern* weiß!

M: Ja, warum trinken die denn Alkohol?

* S c h r e i b e auf, was auch du schon von deinen Freunden und Mitschülern gehört hast!

- -

manche trinken, weil sie damit angeben wollen
andere, weil die Eltern selbst viel trinken (schlechtes Vorbild!)
häufig leiden die Jugendlichen auch an der schlechten Ehe ihrer Eltern
viele haben Kummer mit ihrem Freund oder mit ihrer Freundin
manchmal ist das Verhältnis zu den Eltern schlecht, die Eltern nörgeln
dauernd herum, wenn man ausgehen will oder häufig mit Freunden zusammen
ist
manche haben Kontaktstörungen, sie werden von ihren Mitschülern nicht
beachtet

A: Jetzt fällt mir aber bestimmt nichts mehr ein!
M: Für eine Schulaufgabe würde diese Stoffsammlung auch schon genügen. Bei
einem Hausaufsatz allerdings müßten wir noch einige Punkte mehr finden. Ich
will dir ein wenig dabei helfen.
Vielleicht ist dir schon aufgefallen, daß sich das Getränk Alkohol in der Öffent-
lichkeit großer Beliebtheit erfreut.
A: Sicher.
M: Die Öffentlichkeit verbindet mit Alkohol etwas durchaus Erfreuliches. Man
könnte sagen: Alkohol hat ein *positives Image*.
A: Das kann man in der Werbung gut beobachten.
M: Sehen wir uns doch in Illustrierten ein paar Beispiele für Alkoholwerbung an!

(Herr Martin und Andrea blättern mehrere Zeitschriften durch und haben schnell
gefunden, was sie suchen.)

Folgende Werbeslogans haben sie herausgeschnitten.
* L i e s sie durch!

1) CARSTENS SC Ein Wohlklang, der uns heiter stimmt!
2) Verliebt in das Leben. Verliebt in Asti Cincano.

Alkohol bringt
uns künstlich
in Schwung

3) Es ist ein schönes Gefühl, immer mehr Freunde zu gewinnen.
   Brandy Stock 84.
4) „Allegro con fuoco".
   Beschwingt und mit Feuer genießen: die großen Weine Italiens.
5) Ein Mann ist, was er trinkt.
   Dimple ist ein 12 Jahre alter Whisky.

A: Die Werbung verführt auch zum Alkoholtrinken.
M: Ja. Jeder dieser Slogans verspricht etwas.
A: Etwas, wonach sich die Leute sehnen.
M: Es ist aber nur zu haben, wenn man Alkohol trinkt — so sagt die Werbung.

* Was wird im ersten Slogan versprochen? B e s c h r e i b e es mit einem Substantiv!

- -

Man trinke CARSTENS SC, die Folge ist: **Fröhlichkeit, Heiterkeit.**

---

* S c h r e i b e auf, was in den restlichen Slogans versprochen wird!
  F i n d e wieder jeweils ein Substantiv!

- -

2) **Lebensfreude**
3) **Freundschaften,** (mehr **Kommunikationsmöglichkeiten**)
4) (gesteigerter) **Lebensgenuß**
5) **Männlichkeit**

Von den **fünf** Substantiven drücken **drei** etwas Ähnliches aus.
* S c h r e i b e sie auf!

- -

Fröhlichkeit, Lebensfreude, Lebensgenuß

M: Man kann das Substantiv *Lebensgenuß* auch als **Oberbegriff** zu *Fröhlichkeit* und
   Lebensfreude betrachten. Unsere erweiterte Stoffsammlung sieht damit so aus:

   mit dem Trinken von Alkohol verbindet man erhöhten Lebensgenuß
   man meint, Alkohol erleichtere die Kommunikationsmöglichkeiten
   (Freundschaften)
   Alkoholgenuß wird als ein Zeichen von Männlichkeit angesehen

A: Damit haben wir weitere Ursachen für den steigenden Alkoholkonsum gefunden!

M: Ja. Da Alkohol durchaus positiv beurteilt wird, kommen die jungen Leute leichter zum Trinken. Ist allerdings einmal jemand zum Trinker geworden und süchtig, dann lehnen seine Mitmenschen das Trinken ab und empfinden es als abstoßend.
Übrigens habe ich da in der Zeitung zwei Berichte über Jugendliche gefunden.

* L i e s die beiden Berichte durch!

Claudia, 14 Jahre alt, trinkt regelmäßig Alkohol. Mit 9 Jahren hat sie mit dem Trinken begonnen. Ihr Vater ist ungewöhnlich streng. Beim Essen darf Claudia kein Wort reden. Bringt sie schlechte Noten, wird sie am Wochenende in ihr Zimmer gesperrt. Wenn sie einmal etwas falsch macht, muß sie für ihren Vater endlose Strafarbeiten machen.
Die Mutter dagegen, die ihren Mann ebenfalls fürchtet, versucht Claudia zu verwöhnen. Sie gibt ihr Süßigkeiten, zusätzliches Taschengeld usw. Trotzdem ist Claudia sehr unglücklich.

Tommy, 12 Jahre alt, trinkt Bier und Schnaps. Seine Eltern kümmern sich nicht um ihn, es ist ihnen gleichgültig, was Tommy den Tag über so macht. Er hat viel Taschengeld, er muß sich davon aber auch zu essen und dergleichen kaufen. Oft geht Tommy nach der Schule gar nicht nach Hause, auch abends kommt er manchmal spät. Wenn es dem Vater zu dumm wird, schlägt er ihn richtig durch. Damit ist aber sein Interesse an ihm schon erschöpft.

---

* Warum wohl trinkt Claudia? Was könnte die Ursache sein?

S c h r e i b e auf!

- -

Der Vater ist Claudia gegenüber extrem hart, die Mutter verwöhnt sie. Die Eltern haben **widersprüchliche Erziehungsstile**. Auch das ist eine Ursache des Alkoholkonsums bei Jugendlichen.

14

* S c h r e i b e auf, warum Tommy trinkt!

Die Eltern verhalten sich ihm gegenüber **gleichgültig**. Sie kümmern sich nicht um ihn. Die einzige Form der „Anteilnahme" sind Prügel.

M: Wir sind für heute fertig. Du hast nun eine Menge Stoff gesammelt und kannst der Ausarbeitung beruhigt entgegensehen.

* F r a g e deine Eltern und Bekannten nach weiteren Ursachen für den Alkoholkonsum der Jugendlichen und s c h r e i b e auf, was du erfährst!

M e r k b l a t t 2

Folgendes ist bei der **Stoffsammlung** zu **beachten**:

1) Man schreibt seine Einfälle in **kurzer** und **ungeordneter** Form auf ein **großes Blatt** (DIN A 4 mit Rand).

2) Es genügen **Stichwortsätze**.

3) Für jeden **neuen Gedanken** benützt man eine **neue Zeile**.

4) Bei Hausaufsätzen zieht man auch **Zeitungsartikel** und dergleichen zu Rate.

5) Wertvoll sind **Beispiele** aus eigener **Erfahrung**.

3. Stunde

Die Stoffordnung

M: In der letzten Stunde haben wir die *Stoffsammlung* zu unserem Aufsatz
gemacht.
Damit ich sehe, ob du noch alles weißt, habe ich eine kurze Aufgabe zur
Wiederholung vorbereitet!

* F ü l l e die Lücken aus!

Folgendes ist bei der **Stoffsammlung** zu **beachten**:

1) Man schreibt seine Einfälle in k . . . . . und u . . ¸ . . . . Form auf
   ein g . . . . . B . . . . .
2) Es genügen S . . . .
3) Für jeden n . . . . G . . . . benützt man eine n . . . Z . . . . .
4) Bei Hausaufsätzen zieht man auch Z . . . . und
   dergleichen zu Rate.
5) Wertvoll sind B . . . . aus eigener E . . . .

_ _

Als Lösung kannst du **Merkblatt 2** benützen (Seite 14).

Andrea hat zu Hause die **Stoffsammlung** noch einmal übersichtlich aufgeschrieben.
Im Gespräch mit ihren Eltern hat sie außerdem noch zwei Punkte dazugefunden.

(Es erweist sich als zweckmäßig, die einzelnen Punkte zu **numerieren!**)

Ursachen des steigenden Alkoholkonsums bei Jugendlichen
Stoffsammlung

1) sogenannte Trinkanlässe, Trinkgelegenheiten (auf Partys, zu Hause bei Feiern)
2) Schwierigkeiten in der Schule (schlechte Noten, deswegen Angst vor den Eltern)
3) oft verhalten sich auch die Eltern falsch, indem sie selbst viel trinken (schlechtes Vorbild)
4) die Jugendarbeitslosigkeit ist sehr belastend (Sorge um einen Ausbildungsplatz)
5) Verführung zum Trinken durch die Werbung
6) Leistungsdruck und Konkurrenz in Schule und Betrieb
7) man meint, Alkohol erleichtere die Kommunikationsmöglichkeiten (Freundschaften)
8) die Eltern haben widersprüchliche Erziehungsstile
9) zu Alkohol greift man auch, wenn man sich einsam fühlt
10) manche trinken, um damit anzugeben, aus Geltungsdrang
11) Nachahmung positiver Leitbilder in den Medien (z. B. der trinkende Westernheld)
12) mit dem Trinken von Alkohol verbindet man erhöhten Lebensgenuß
13) häufig leiden die Jugendlichen an der schlechten Ehe ihrer Eltern
14) die Eltern verhalten sich ihren Kindern gegenüber gleichgültig
15) billige alkoholische Getränke reizen zum Kauf (Sonderangebote in Supermärkten etc.)
16) manchmal ist das Verhältnis zu den Eltern schlecht, die Eltern nörgeln dauernd herum, wenn man ausgehen will oder häufig mit Freunden zusammen ist
17) Alkoholgenuß wird als ein Zeichen von Männlichkeit angesehen
18) manche haben Kontaktstörungen, sie werden von ihren Mitschülern nicht beachtet
19) viele haben Kummer mit ihrem Freund oder mit ihrer Freundin

M: Jetzt kommt ein schwieriger Abschnitt deiner Arbeit!

A: Ich weiß, die *Gliederung*!

M: Noch nicht, zuerst eine *Vorstufe* der Gliederung: die *Stoffordnung*.

A: Das bedeutet wohl, daß man die Stoffsammlung ein wenig *übersichtlicher*
   machen muß?

M: Ja, man fragt sich: Was gehört *inhaltlich* zusammen?

A: Man könnte ja alles, was zusammengehört, mit *gleicher Farbe* unterstreichen.

M: Eine gute Methode. Genauso kann man aber die zusammengehörigen Punkte
   herausschreiben.

A: Da muß man viel schreiben!

M: Man kann die einzelnen Punkte in *Stichwortform* notieren.

A: Na gut, fangen wir an!

M: Vor allem mußt du bei dieser Arbeit noch einmal überprüfen, ob die Punkte
   deiner Stoffsammlung auch wirklich eine *Antwort* auf die *Themafrage* darstellen.

A: Also auf die Frage: Was sind die Ursachen des steigenden Alkoholkonsums bei
   Jugendlichen?
   In *Punkt 1)* der Stoffsammlung heißt es: *sogenannte Trinkanlässe, Trinkgele-
   genheiten.*

M: Wenn du nun weitere Punkte finden willst, die *inhaltlich* zu Punkt 1 passen, dann
   mußt du dich fragen: Inwiefern sind Trinkanlässe eine Ursache des steigenden
   Alkoholkonsums?
   Was meinst du? Überleg mal!

A: Nun, bei Trinkanlässen, da trinkt man eben, weil sich eine Gelegenheit bietet.
   Man wird ja fast aufgefordert dazu, man könnte beinahe sagen *verführt*.

M: Gut! Man wird zum Trinken *aufgefordert, verführt, verleitet.* Damit haben wir
   einen *Oberbegriff* gefunden.

Oberbegriff ➤ die **Umwelt verleitet** zum Alkoholgenuß

Jetzt müssen wir in der Stoffsammlung nachsehen, welche Punkte sich noch
unter diesen Oberbegriff *einordnen* lassen.

A: Das heißt also, daß ich nachlesen muß, ob ich noch *weitere Punkte* aufgeschrieben
   habe, bei denen Jugendliche auf andere Weise zum Trinken *verführt* werden.

M: So ist es.

* S c h r e i b e Punkte aus der Stoffsammlung heraus, bei denen Jugendliche zum
   Trinken „**verführt**" oder **verleitet** werden!
   S c h r e i b e **gekürzt**, also in **Stichwortform** auf!

5) Werbung   11) positive Leitbilder in den Medien   15) billige alkoholische
Getränke

M: Damit haben wir bereits unseren ersten *Oberbegriff* erarbeitet.
A: Nennt man die dazugehörigen Punkte etwa *Unterbegriffe?*
M: Ganz richtig! Das sieht dann so aus:

Oberbegriff	die **Umwelt** verleitet zum Alkoholgenuß
Unterbegriffe	bei Trinkanlässen durch Werbung durch positive Leitbilder in den Medien durch billige alkoholische Getränke

M: Suchen wir einen weiteren Oberbegriff!
Wie heißt denn der nächste Punkt deiner Stoffsammlung?
A: Das ist *Punkt 2.* Er nennt als Ursache des Alkoholkonsums *Schwierigkeiten in der Schule.*
M: Am besten, du hakst erledigte Punkte ab, dann wird es übersichtlicher.
A: Jetzt muß ich mir also überlegen, *inwiefern* Schwierigkeiten in der Schule eine Ursache des Alkoholgenusses sind!
M: So ist es!
A: Man trinkt − ja, weil man Probleme hat. Schwierigkeiten in der Schule sind Probleme, Sorgen. Man ist bedrückt, und da will man sich eben mit Alkohol betäuben.
M: Wie heißt der Oberbegriff?
A: Vielleicht so: *Probleme* des Jugendlichen.
M: Ja, gut. Merke dir nochmals: *Prüfe* jeden Oberbegriff daraufhin, ob er auch wirklich eine *Antwort* auf die *Themafrage* darstellt.
A: Die *Themafrage* heißt: Was sind die Ursachen des steigenden Alkoholkonsums bei Jugendlichen? Der *Oberbegriff* als *Antwort: Probleme* des Jugendlichen. Also richtig.

* S u c h e weitere Beispiele in der Stoffsammlung, wo Jugendliche trinken, weil sie **Probleme** haben. S c h r e i b e wieder **gekürzt** auf!

2) Schwierigkeiten in der Schule   4) Jugendarbeitslosigkeit   6) Leistungsdruck
in Schule und Betrieb   9) Gefühl der Einsamkeit   10) Geltungsdrang
13) schlechte Ehe der Eltern   16) schlechtes Verhältnis zu den Eltern
18) Kontaktstörungen   19) Kummer mit Freund oder Freundin

M: Damit haben wir einen weiteren Oberbegriff abgeschlossen!

Oberbegriff	Probleme des Jugendlichen
Unterbegriffe	Schwierigkeiten in der Schule Jugendarbeitslosigkeit Leistungsdruck in Schule und Betrieb Gefühl der Einsamkeit Geltungsdrang schlechte Ehe der Eltern schlechtes Verhältnis zu den Eltern Kontaktstörungen Kummer mit Freund oder Freundin

A: Jetzt ist *Punkt 3* der Stoffsammlung an der Reihe!
M: Dieser Punkt lautet: *Oft verhalten sich auch die Eltern falsch, indem sie selbst viel trinken.*
A: Das sollten sie eigentlich als Erzieher nicht tun!
M: Ihr Erziehungsverhalten ist falsch.
A: *Falsches Erziehungsverhalten* der Eltern, das ist ja schon der nächste Oberbegriff!

* S c h r e i b e weitere Punkte auf, die unter diesen Oberbegriff fallen!

- -

8) widersprüchliche Erziehungsstile   13) schlechte Ehe der Eltern
14) Gleichgültigkeit gegenüber den Kindern

M: Halten wir auch diesen Oberbegriff fest!

Oberbegriff	falsches Erziehungsverhalten der Eltern
Unterbegriffe	Eltern trinken selbst viel widersprüchliche Erziehungsstile schlechte Ehe der Eltern Gleichgültigkeit gegenüber den Kindern

A: Nun kommt *Punkt 7* der Stoffsammlung: Man meint, Alkohol verbessere die Kommunikationsmöglichkeiten.

M: Erinnnere dich an unser Gespräch in der letzten Stunde!

A: Sie sagten, daß in der Öffentlichkeit mit Alkohol etwas Positives verbunden werde. Sie gebrauchten da irgendein Fremdwort.

M: *Positives Image.* Man könnte sagen: ein positives Vorstellungsbild.

A: Damit haben wir den letzten Oberbegriff: Alkohol hat in der Öffentlichkeit ein *positives Image*.

* S c h r e i b e weiter Punkte auf, die unter diesen Oberbegriff fallen!

- -

12) erhöhter Lebensgenuß   17) mehr Männlichkeit

M: Damit sind wir fertig!

Oberbegriff	Alkohol hat in der **Öffentlichkeit** ein „**positives Image**".
Unterbegriffe $<$	erleichterte Kommunikationsmöglichkeiten erhöhter Lebensgenuß mehr Männlichkeit

M: Damit haben wir die Stoffordnung beendet.

A: Das war ziemlich schwierig. Beim nächsten Mal kommt dann die Gliederung dran!

M: Hier hast du noch das *Merkblatt!*

M e r k b l a t t   3

- Bei der **Stoffordnung** liest man die **Stoffsammlung** gründlich durch und überlegt sich, welche **Punkte inhaltlich zusammengehören** (eventuell durch gleiche Farbe kenntlich machen!).

- Die **inhaltlich** verwandten Punkte **(Unterbegriffe!)** faßt man jeweils unter einem **Oberbegriff** zusammen.

4. Stunde

Die Gliederung des Hauptteils

M: Prüfe dich zunächst, was du noch über die *Stoffordnung* weißt!

* E r g ä n z e die fehlenden Wörter!

> Bei der **Stoffordnung** liest man die S . . . . gründlich durch und über-
> legt sich, welche **Punkte** i . . . . zus . . . .
> Die i . . . . verwandten Punkte (U . . . .) faßt man jeweils unter
> einem O . . . . zusammen.

- -

Benütze als Lösung **Merkblatt 3.**

M: Sicher weißt du, daß eine Erörterung aus drei Teilen besteht!
A: Ja, aus   A) Einleitung,
                B) Hauptteil,
                C) Schluß.
M: Das müssen wir natürlich bei der Gliederung beachten.
A: Bisher haben wir uns aber nur mit dem *Hauptteil* beschäftigt.
M: Ganz recht. Den muß man auch *zuerst* gliedern. Einleitung und Schluß kommen
    nachher.
A: Wie gliedert man nun den Hauptteil?
M: Über den Hauptteil schreibt man zunächst einmal den *Obersatz.*
A: Was ist denn das?

M: Das ist gewissermaßen das *Bindeglied* zwischen Einleitung und Hauptteil. Der Obersatz *wiederholt* noch einmal die *Themafrage,* häufig auch in der Form eines *Aussagesatzes.*

A: Jetzt muß ich einmal überlegen. Bei unserem Thema könnte ich in der Einleitung z. B. schreiben, daß es immer mehr alkoholsüchtige Jugendliche gibt.

M: Das wäre eine Möglichkeit, durchaus!

A: Nun folgt der Hauptteil, in dem ich die *Ursachen* dafür erörtere.

M: Und genau dies –

A: – steht im *Obersatz.* Jetzt verstehe ich. Er bringt die *Themafrage.*

M: Wie heißt die Themafrage in unserem Fall?

A: *Was sind die Ursachen des steigenden Alkoholkonsums bei Jugendlichen?*

M: Diese Frage läßt sich auch als *Aussagesatz* formulieren!

A: Moment mal – etwa so: *Ursachen des steigenden Alkoholkonsums bei Jugendlichen.* Aber das ist ja das *Thema!*

M: Richtig.

Als nächstes siehst du dir alle *Oberbegriffe* genau an. Hier sind sie alle zusammen:

- die **Umwelt verleitet** zum Alkoholgenuß
- **Probleme** des Jugendlichen
- Alkohol hat in der **Öffentlichkeit** ein „positives Image"
- **falsches Erziehungsverhalten** der Eltern

A: Was geschieht nun?

M: Jetzt mußt du die Oberbegriffe in die *richtige Reihenfolge* bringen.

A: Wie soll ich die richtige Reihenfolge herausfinden?

M: Du mußt die Begriffe nach ihrer *Bedeutung ordnen.*

A: Das verstehe ich nicht.

M: Bei unserem Aufsatz ist es doch so, daß jeder Oberbegriff eine *Ursache* des Alkoholkonsums bringt.

A: Also zum Beispiel: *falsches Erziehungsverhalten* der Eltern.

M: Nun hat aber nicht jede Ursache gleich viel Gewicht. Die eine ist bedeutender, die andere weniger bedeutend.

A: Also schwerwiegende Ursachen und weniger schwerwiegende?

M: Ja, die müssen nun in eine sinnvolle Reihenfolge gebracht werden, so daß eine *Steigerung* entsteht.

A: Dann muß man also das Wichtigste an den Schluß stellen.

M: So ist es.

* O r d n e die vier Oberbegriffe so, daß eine **Steigerung** entsteht.
S c h r e i b e den **Obersatz** darüber!

_____

Die richtige Reihenfolge ist natürlich bis zu einem gewissen Grad **Ansichtssache**. Hier
ein Vorschlag:

B) **Ursachen des steigenden Alkoholkonsums bei Jugendlichen**

    I)   Alkohol hat in der **Öffentlichkeit** ein „**positives Image**"
    II)   die **Umwelt verleitet** zum Alkoholgenuß
    III)   **falsches Erziehungsverhalten** der Eltern
    IV)   **Probleme** des Jugendlichen

M: Warum hast du *Probleme des Jugendlichen* an den Schluß gestellt?
A: Ich halte das für eine besonders schwerwiegende Ursache. Ich glaube, der Jugend-
liche wird in einem solchen Fall am ehesten süchtig.
M: Jetzt müssen wir jeweils die *Unterbegriffe* ordnen!
A: Geht das nach demselben Prinzip?
M: Ja. Hier die Unterbegriffe zu *Alkohol hat in der Öffentlichkeit ein positives Image.*

    ● erleichterte Kommunikationsmöglichkeiten
    ● erhöhter Lebensgenuß
    ● mehr Männlichkeit

* O r d n e so, daß eine **Steigerung** entsteht!

_____

Die Begriffe sind ziemlich gleichwertig, deshalb ist eine Steigerung schwierig.
Männlichkeit betrifft nur die männlichen Jugendlichen, darum soll es an den
Anfang. **Lebensgenuß** ist umfassender als **Kommunikationsmöglichkeiten**, des-
halb steht es am **Schluß**.

    I) Alkohol hat in der **Öffentlichkeit** ein „**positives Image**".
    Man verbindet damit
    1) mehr **Männlichkeit**
    2) erleichterte **Kommunikationsmöglichkeiten**
    3) erhöhten **Lebensgenuß**

M: Damit ergibt sich für den *Hauptteil* folgendes *Gliederungsschema:*

B) Obersatz
   I) Oberbegriff
      1) Unterbegriff
      2) . . .
   II) Oberbegriff
      1) . . .

---

* O r d n e nun die **Unterbegriffe** zum **zweiten Oberbegriff** (,,die **Umwelt verleitet** zum Alkoholgenuß'')!

- bei Trinkanlässen
- durch Werbung
- durch positive Leitbilder in den Medien
- durch billige alkoholische Getränke

Begründung für den folgenden Vorschlag: Am ehesten werden wohl die Jugendlichen durch die zahlreichen **Trinkanlässe** verleitet, jeder will da mitmachen, schon um sein Selbstbewußtsein zu steigern. Aber auch **billige Angebote** sind nicht zu unterschätzen, die Jugendlichen haben ja nicht alle viel Taschengeld! Schließlich sind die **Leitbilder** wichtiger als die **Werbung.**

II) Die **Umwelt verleitet** zum Alkoholgenuß
    1) durch Werbung
    2) durch positive Leitbilder in den Medien
    3) durch billige alkoholische Getränke
    4) bei Trinkanlässen

---

* O r d n e nun die **Unterbegriffe** zum **dritten Oberbegriff** (,,falsches Erziehungsverhalten der Eltern")!

- Eltern trinken selbst viel
- widersprüchliche Erziehungsstile
- schlechte Ehe der Eltern
- Gleichgültigkeit gegenüber den Kindern

Begründung: Hier ist eine Reihenfolge schwierig. Ganz sicher sind **Eltern, die selbst viel trinken,** besonders für das Trinken ihrer Kinder verantwortlich, deshalb wird man diesen Punkt an den **Schluß** stellen. **Gleichgültigkeit** ist vielleicht noch schlimmer als ein **widersprüchlicher Erziehungsstil.**

III) **Falsches Erziehungsverhalten** der Eltern
    1) Schlechte Ehe der Eltern
    2) Widersprüchliche Erziehungsstile
    3) Gleichgültigkeit gegenüber den Kindern
    4) Eltern trinken selbst viel

A: Beim vierten Oberbegriff haben wir aber viele *Unterbegriffe* aufgeschrieben!
M: In einem solchen Fall muß man prüfen, ob sich nicht noch einige Unterbegriffe *zusammenfassen* lassen. Lies mal durch!
A: Ich sehe keine Möglichkeit.

27

M: Das habe ich mir schon gedacht. Aber es geht. Unsere bisherigen Unterbegriffe werden dann zu *Unterpunkten*.
Hier sind die *neuen Unterbegriffe*:

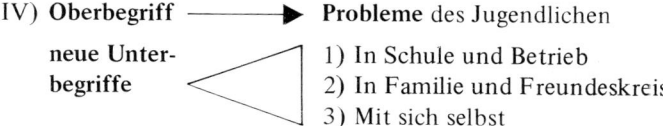

IV) **Oberbegriff** ⟶ **Probleme** des Jugendlichen

    neue Unter-   1) In Schule und Betrieb
    begriffe   2) In Familie und Freundeskreis
               3) Mit sich selbst

* O r d n e nun die folgenden **Unterpunkte** den **neuen Unterbegriffen** zu!

- Schwierigkeiten in der Schule
- schlechtes Verhältnis zu den Eltern
- Gefühl der Einsamkeit
- Jugendarbeitslosigkeit
- Geltungsdrang
- Leistungsdruck und Konkurrenzkampf
- Kummer mit Freund oder Freundin
- Kontaktstörungen

Gegliedert sieht der **vierte Oberbegriff** dann so aus:

IV) **Probleme** des Jugendlichen
   1) In Schule und Betrieb
      a) Leistungsdruck und Konkurrenzkampf
      b) Jugendarbeitslosigkeit
   2) In Familie und Freundeskreis
      a) Schlechtes Verhältnis zu den Eltern
      b) Kontaktstörungen
      c) Kummer mit Freund oder Freundin
   3) Mit sich selbst
      a) Geltungsdrang
      b) Gefühl der Einsamkeit

M: Damit haben wir den *Hauptteil gegliedert!*

B) Ursachen des steigenden Alkoholkonsums bei Jugendlichen	B) Obersatz

B) Ursachen des steigenden Alkoholkonsums bei Jugendlichen

I) Alkohol hat in der **Öffentlichkeit** ein „**positives Image**". Man verbindet damit
  1) mehr Männlichkeit
  2) erleichterte Kommunikationsmöglichkeiten
  3) erhöhten Lebensgenuß

II) Die **Umwelt verleitet** zum Alkoholgenuß
  1) durch Werbung
  2) durch positive Leitbilder in den Medien
  3) durch billige alkoholische Getränke
  4) bei Trinkanlässen

III) **Falsches Erziehungsverhalten** der Eltern
  1) Schlechte Ehe der Eltern
  2) Widersprüchliche Erziehungsstile
  3) Gleichgültigkeit gegenüber den Kindern
  4) Eltern trinken selbst viel

IV) **Probleme** des Jugendlichen
  1) In Schule und Betrieb
    a) Leistungsdruck und Konkurrenzkampf
    b) Jugendarbeitslosigkeit
  2) In Familie und Freundeskreis
    a) Schlechtes Verhältnis zu den Eltern
    b) Kontaktstörungen
    c) Kummer mit Freund oder Freundin
  3) Mit sich selbst
    a) Geltungsdrang
    b) Gefühl der Einsamkeit

B) Obersatz

I) Oberbegriff
  1) Unterbegriff
  2) Unterbegriff
  3) Unterbegriff

II) Oberbegriff
  1) Unterbegriff
  2) Unterbegriff
  3) Unterbegriff
  4) Unterbegriff

III) Oberbegriff
  1) Unterbegriff
  2) Unterbegriff
  3) Unterbegriff
  4) Unterbegriff

IV) Oberbegriff
  1) Unterbegriff
    a) Unterpunkt
    b) Unterpunkt
  2) Unterbegriff
    a) Unterpunkt
    b) Unterpunkt
    c) Unterpunkt
  3) Unterbegriff
    a) Unterpunkt
    b) Unterpunkt

M e r k b l a t t 4

Bei der Gliederung des Hauptteils wird die geordnete Stoffsammlung nach **Obersatz** → **Oberbegriff** → **Unterbegriff** → **Unterpunkt** gegliedert.
Die **Reihenfolge** der einzelnen Punkte soll außerdem eine **Steigerung** ergeben.

5. Stunde

Einleitung und Schluß

M: Weißt du noch, was bei der *Gliederung* des *Hauptteils* zu *beachten* ist?

* F ü l l e die Lücken aus!

- Den Übergang zwischen **Einleitung** und **Hauptteil** bildet der O . . . .
  Er greift das Thema nochmal auf.
- Der Hauptteil wird nach folgendem **Grundschema** gegliedert:
  B) O . . . .
     I) O . . . .
        1) U . . . .
           a) U . . . .
- Die Reihenfolge sämtlicher Begriffe soll eine S . . . . ergeben.

- -

- **Obersatz**
- B) Obersatz
     I) Oberbegriff
        1) Unterbegriff
           a) Unterpunkt
- **Steigerung**

A: Die Einleitung macht mir immer besondere Schwierigkeiten. Ich weiß nie recht, wie ich anfangen soll.

M: Da gibt es eine ganze Reihe von Möglichkeiten. Man kann zum Beispiel mit einem *persönlichen Gedanken* beginnen oder mit einem *aktuellen Bezug*. Auch etwas *Ähnliches* wäre –

A: Da komme ich schon wieder einmal nicht mit! Was heißt denn hier *etwas Ähnliches*?

M: Du hast recht. Ich zeige dir am besten Beispiele dazu.

* L i e s die folgenden Einleitungen genau durch!

a) *Vor kurzem ging eine Meldung durch die Presse, wonach in der BRD mehr als 100 000 Jugendliche unter 18 Jahren alkoholsüchtig sind. Diese Zahl ist erschreckend hoch, und es ist wichtig, sich zu fragen, wo denn die Ursachen für diese bedenkliche Entwicklung zu suchen sind.*

b) *Bei Jugendlichen in meinem Alter spielt der Alkohol eine große Rolle. Wer etwas auf sich hält, trinkt bei möglichst vielen Gelegenheiten Bier, Wein oder sogar Schnaps. Der Alkoholverbrauch der Jugendlichen hat ein noch nie dagewesenes Ausmaß erreicht.*

c) *Jeder weiß, daß der Rauschgiftkonsum der Jugendlichen heutzutage ein ernstes Problem darstellt. Dabei wird aber leicht übersehen, daß die Droge Alkohol noch verbreiteter ist, und daß dem Mißbrauch des Alkohols eine größere Zahl von Jugendlichen zum Opfer fällt als dem Rauschgift.*

Der große Irrtum:
Auch wer süchtig ist, glaubt,
daß er aufhören kann, wenn
er will. Aber er kann
nicht mehr wollen.

In welcher der Einleitungen **a** bis **c** wurde ein **persönlicher Gedanke** verwendet? In welcher ein **aktueller Bezug** hergestellt, bzw. etwas **Ähnliches** angesprochen?

* O r d n e richtig zu!

- -

Einleitung a): **aktueller Bezug** (100 000 Jugendliche alkoholsüchtig)
Einleitung b): **persönlicher Gedanke** (Alkohol spielt Rolle bei vielen Gelegenheiten)
Einleitung c): **etwas Ähnliches** (Vergleich mit Rauschgift)

A: Jetzt wird mir das schon klarer.

M: Es gibt allerdings noch weitere drei Möglichkeiten. Die erste wäre der *geschichtliche Einstieg*. Beispielsweise könnte man bei einem Thema über Freizeit –

A: – schreiben, wie es bei unseren Großeltern und Urgroßeltern mit der Freizeit aussah.

M: Ganz richtig. Weitere Möglichkeiten wären dann noch das Ausgehen von einem *Gegensatz* oder das *Zitat*.

A: Mit dem *Gegensatz* wird es für mich wieder schwierig.

M: Die folgende Aufgabe wird sicher manches klären.

* L i e s die folgenden Einleitungen durch!

d) „*Der Alkohol gehört zu den weitestverbreiteten Drogen; sein Genuß ist legal, kein Privileg bestimmter Gesellschaftsschichten und vor allem auf keine besondere Altersgruppe beschränkt.*" *So heißt es zutreffend im Begleittext zu einem Film über Alkoholmißbrauch. Daß der Alkoholgenuß auf keine Altersgruppe beschränkt ist, sieht man am übertriebenen Alkoholtrinken junger Menschen. Angesichts des großen Elends, das damit verbunden ist, fragt man sich natürlich, was die Ursachen für diese bedauerliche Tatsache sind.*

e) Menschen, die überhaupt keinen Alkohol trinken, sind in unserer Gesellschaft eine Minderheit. Daß Kinder keinen Alkohol zu sich nehmen sollen, leuchtet jedem ein. Niemand wird aber ernstlich Bedenken haben, wenn ein Jugendlicher bei entsprechenden Gelegenheiten einmal ein Glas Bier trinkt. Die Wirklichkeit sieht jedoch ganz anders aus. Der Alkoholkonsum des jungen Menschen nimmt besorgniserregend zu. Welche Ursachen gibt es dafür?

f) Soweit man zurückdenken kann, haben die Menschen den Geschmack und die Wirkung des Alkohols geschätzt. Doch waren es in der Regel vor allem die Erwachsenen, die Alkohol zu sich genommen haben. Für Jugendliche blieb Alkohol etwas Verbotenes. Heute hat sich die Situation völlig gewandelt. Jugendliche trinken nicht nur Alkohol, vielmehr wird eine große Zahl von ihnen sogar süchtig. Ich möchte nun einige Ursachen für diesen Wandel erörtern.

In welcher der Einleitungen **d** bis **f** wurde ein **geschichtlicher Einstieg**, ein **Gegensatz**, bzw. ein **Zitat** verwendet?

* O r d n e richtig zu!

32

Einleitung d): **Zitat** („Der Alkohol gehört . . . Altersgruppe beschränkt.")
Einleitung e): ein **Gegensatz** (Menschen, die überhaupt keinen Alkohol trinken . . .)
Einleitung f): **geschichtlicher Einstieg** (Soweit man zurückdenken kann . . .)

A: Alles klar. Aber was schreibt man denn nun in der *Gliederung?* Da kann man
doch nicht die ganze Einleitung hineinschreiben, die gehört doch in die
Vertextung!

M: Ja, in der *Gliederung* schreibt man möglichst *kurz, worum* es in der *Einleitung*
geht.

* L i e s die **Einleitung a)** noch einmal durch und versuche **einen Satz** für die Gliederung daraus zu formulieren!

Lösungsmöglichkeit: 100 000 jugendliche Alkoholsüchtige in der BRD

* V e r k ü r z e die **Einleitung b)** zu einem Satz!

Lösungsmöglichkeit: Alkohol spielt bei Jugendlichen eine große Rolle

* V e r k ü r z e die **Einleitung c)!**

Lösungsmöglichkeit: Alkohol, eine häufigere Droge als Rauschgift

* V e r k ü r z e die **Einleitung d)!**

Lösungsmöglichkeit: Alkoholgenuß ist auf keine Gesellschaftsschicht und auf keine
besondere Altersgruppe beschränkt

* V e r k ü r z e die **Einleitung e)!**

Lösungsmöglichkeit: Kinder sollten zu der Minderheit unserer Gesellschaft gehören,
die keinen Alkohol zu sich nimmt

33

* V e r k ü r z e die **Einleitung f)**!

In vergangenen Zeiten haben Jugendliche in der Regel keine größeren Mengen
Alkohol getrunken.

M: Du hast sechs Möglichkeiten kennengelernt, wie man eine Erörterung *einleiten*
kann.
Prüfe dich, was du noch darüber weißt!

* V e r v o l l s t ä n d i g e die Lücken!

Für die **Einleitung** zur **Erörterung** bieten sich folgende **Möglichkeiten** an:

1) ein a . . . . Bezug   2) etwas Ä . . . .   3) ein g . . . .
Eins . . . .   4) ein Gegen . . . .   5) ein Z . . . .   6) ein p . . . .
G . . . . . .

---

1) ein **aktueller** Bezug   2) etwas **Ähnliches**   3) ein **geschichtlicher**
Einstieg   4) ein **Gegensatz**   5) ein **Zitat**   6) ein **persönlicher Gedanke**

A: Jetzt bleibt noch der *Schluß!*
M: Wer erst einmal eine Einleitung schreiben kann, hat beim Schluß keine beson-
deren Probleme mehr.
Die Einleitung bereitet ein Thema vor, weist darauf hin, der Schluß *faßt*
zusammen, bietet einen *Ausblick.*
A: Das ist mir noch etwas zu ungenau!
M: Also für den Schluß gibt es natürlich wieder mehrere Möglichkeiten:

1) man versucht einen Ausblick über die **zukünftige** Entwicklung des Problems;
2) man kann aus dem, was man geschrieben hat, seine **Folgerungen** ziehen;
3) man kann die erörterten Gesichtspunkte **zusammenfassen**;
4) man nimmt zu dem Problem noch einmal ganz **persönlich Stellung**, man
schreibt seine ausdrückliche **Meinung**;
5) man kann auch seine persönlichen **Wünsche** zum Ausdruck bringen.

A: Irgendwie finde ich, daß diese Möglichkeiten einander recht ähnlich sind.

M: Ja. Sie kommen auch häufig *nebeneinander* im Schluß vor. Ich werde dir das an einem Beispiel zeigen, in dem *alle fünf* Möglichkeiten verwendet sind.

* L i e s den folgenden Schluß genau durch!

(a) *Zusammenfassend kann man sagen, daß die Ursachen für den hohen Alkoholkonsum des Jugendlichen nicht bei ihm selbst zu suchen sind: die Einstellung der Öffentlichkeit zum Alkohol, die Verleitung durch die Umwelt, die Erziehungsfehler der Eltern, all das kommt von außen.* (b) *Folglich wäre es verfehlt, mit der Kritik zuerst bei den Jugendlichen anzusetzen.* (c) *Meiner Meinung nach soll die Empörung vieler Erwachsener über den Alkoholkonsum der Jugendlichen vom eigenen Versagen auf diesem Gebiet ablenken.* (d) *Es wäre wünschenswert, daß die Erwachsenen durch vernünftigen Umgang mit Alkohol den Kindern und Jugendlichen ein gutes Beispiel geben.* (e) *Andernfalls wird die Zahl der alkoholsüchtigen Jugendlichen in Zukunft wohl noch mehr ansteigen.*

Die einzelnen Möglichkeiten sind durch die Buchstaben a bis e gekennzeichnet.

* L i e s nun die Möglichkeiten **1** bis **5** noch einmal durch und o r d n e sie den Buchstaben richtig zu!

- -

a →3   b →2   c → 4   d → 5   e → 1

Merkblatt 5

Für die Erörterung gibt es folgende Möglichkeiten der **Einleitung**:

1) ein aktueller Bezug	4) etwas Ähnliches
2) ein persönlicher Gedanke	5) ein Gegensatz
3) ein geschichtlicher Einstieg	6) ein Zitat

Folgende Möglichkeiten des **Schlusses** bieten sich an:

1) Zusammenfassung	3) persönliche Stellungnahme	
2) eine Folgerung	4) ein Wunsch	5) ein Ausblick

6. Stunde

Die Technik des Argumentierens — ein kleiner Lehrgang

> M: Eigentlich könnten wir nun unsere Gliederung vertexten.
> Aber leider ist das nicht so ganz einfach.
> A: Worauf kommt es denn an?
> M: Es kommt darauf an, daß man gut *argumentiert*.
> A: Das müßten Sie mir schon genauer erklären.
> M: Aber natürlich. Ich habe hier ein kurzes Programm für dich, das du nun durch-
> arbeiten sollst. Alles Wesentliche wirst du darin erfahren.

Was heißt eigentlich **argumentieren**?
* S c h r e i b e ein deutsches Wort dafür auf!

- -

Für **argumentieren** sagen wir **beweisen, begründen**.

Im folgenden sollst du dich mit der **Argumentationstechnik** etwas genauer befassen.

In einer Schule hat die Schülerzeitung ihre Leser aufgefordert, einmal über den Sinn oder den Unsinn von Hausaufgaben nachzudenken. Die Schüler sollten sich in Briefen dazu äußern. Die besten will die Redaktion in ihrer nächsten Nummer veröffentlichen. Bereits nach kurzer Zeit erreichen drei Briefe den SCHÜLERKURIER. Alle Verfasser sprechen sich darin **gegen** Hausaufgaben aus.

* L i e s zunächst die drei Briefe sorgfältig durch!

Leserbrief 1

Meiner Meinung nach sind Hausaufgaben völlig überflüssig, man lernt nämlich nichts dabei. Man macht Hausaufgaben doch nur, weil man sonst eine Strafe oder eine schlechte Note bekommt. Außerdem empfindet man eine ziemliche Wut, wenn man da so bei der Arbeit sitzt. Wenn die Lehrer das wüßten, würden sie – glaube ich – etwas weniger Hausaufgaben aufgeben. Schließlich will man nachmittags seine Ruhe haben, oder hat man da etwa kein Recht darauf? Meiner Meinung nach lassen uns die Lehrer soviel zu Hause arbeiten, weil sie sonst mit dem Stoff nicht fertig werden.
Also kurz gesagt: Ich finde, Hausaufgaben gehören abgeschafft!

Bernd S.

Leserbrief 2

Für mich gibt es mehrere Gründe, die gegen Hausaufgaben sprechen. Als Schüler denke ich natürlich zuerst daran, wie unbeliebt Hausaufgaben bei uns sind. Es ist ja allgemein bekannt, daß viele Schüler Hausarbeiten lustlos machen. Daß dabei nicht allzuviel herauskommen kann, hängt mit der Tatsache zusammen, daß man nur dann, wenn man zu einer Arbeit motiviert ist, etwas Besonderes leisten kann. Dafür spricht auch eine Untersuchung, die schon vor Jahren über Hausaufgaben im Fach Mathematik gemacht worden ist. Das Ergebnis: Hausaufgaben nützen wenig.
Mit Sicherheit aber nützen Hausaufgaben nichts, wenn sie – wie so oft – abgeschrieben werden. Daß hierbei nichts gelernt wird, versteht sich von selbst.
Wichtig ist aber noch etwas anderes. Viele Schüler benötigen für schwierige Hausaufgaben Hilfe. Manchmal können die Eltern helfen, in anderen Fällen schicken sie ihre Kinder zur Nachhilfe. Bei vielen Kindern besitzen die Eltern aber weder die nötige Schulbildung, um helfen zu können, noch haben sie das Geld, um ihre Kinder an einem Hausaufgabenkurs teilnehmen zu lassen. Diese Kinder sind natürlich benachteiligt. Dies aber widerspricht dem Prinzip der Chancengleichheit. Ich muß leider sehr häufig feststellen, daß unsere Lehrer die Hausaufgaben nur sehr oberflächlich oder aber überhaupt nicht durchsehen. Sie sind meist schon zufrieden, wenn sie feststellen, daß die Arbeit gemacht worden ist. In diesem Fall hat man sich eigentlich umsonst bemüht, weil man weder seine Fehler erfährt, noch lernt, sie zu verbessern.
Ich ziehe aus alledem die Schlußfolgerung, daß in der Praxis Hausaufgaben wenig sinnvoll sind, da sie wertvolle freie Zeit kosten und nur wenig Lernzuwachs bringen. Also sollte man Hausaufgaben abschaffen oder wenigstens einschränken.

Frank L.

Leserbrief 3

Ich finde es gut, daß der SCHÜLERKURIER das Thema Hausaufgaben zur Sprache bringt. Ich habe lange darüber nachgedacht und bin zu dem Ergebnis gekommen, daß man Hausaufgaben abschaffen sollte.
Hier die Begründung:
Viele Eltern können ihren Kindern bei den Hausaufgaben nicht helfen. Außerdem sind Hausaufgaben bei den meisten Schülern unbeliebt und werden deshalb häufig abgeschrieben. Manchmal sind Hausaufgaben auch so eine Art Beschäftigungstherapie, so daß man nichts dabei lernen kann. Besonders wichtig scheint mir, daß der Nachmittag für den Schüler Freizeit ist und nicht mit Hausaufgaben belastet werden darf.
Ich meine, daß das wesentliche Gründe sind, und Hausaufgaben deshalb abgeschafft werden sollten.

Angela A.

In welchem der drei Leserbriefe **argumentiert**, d. h. **begründet** der Verfasser seine Meinung am überzeugendsten?
* S c h r e i b e auf!

Ich würde sagen: im **Leserbrief 2**. (Wir werden das im folgenden noch genau besprechen!)

* Welcher Leserbrief überzeugt dich am wenigsten?

Meiner Meinung nach dürftest du **Leserbrief 1** aufgeschrieben haben.

Wie schon angekündigt, sollst du dich in diesem Kapitel in der Technik des Argumentierens üben. Wir haben uns darauf geeinigt, daß **Argumentieren** soviel wie **beweisen** oder **begründen** bedeutet.

Den Verfassern der drei Leserbriefe ging es darum, eine **Forderung** zu **begründen**: Hausaufgaben sollen abgeschafft werden.
Für den Ausdruck **Forderung** gebrauchen wir auch das Fremdwort **These**. In Erörterungen geht es gewöhnlich darum, **Thesen zu begründen**, d. h. ihren **Inhalt** durch eine **überzeugende Form** der Gedankenentwicklung zu **erläutern**.

Dazu ein **Beispiel** aus **Leserbrief 2**:

These (Forderung)	*Hausaufgaben sollen abgeschafft werden.*

Argument (Begründung)	*„Viele Schüler benötigen für schwierige Hausaufgaben Hilfe. Manchmal können die Eltern helfen, in anderen Fällen schicken sie ihre Kinder zur Nachhilfe. Bei vielen Kindern besitzen die Eltern aber weder die nötige Schulbildung, um helfen zu können, noch haben sie das Geld, um ihre Kinder an einem Hausaufgabenkurs teilnehmen zu lassen. Diese Kinder sind natürlich benachteiligt. Dies aber widerspricht dem Prinzip der Chancengleichheit."*

Untersuchen wir einmal das Argument genau!
Zunächst werden wir feststellen, daß es aus allgemein bekannten **Tatsachen** besteht.

* E r g ä n z e die Lücken des Textes oben aus Leserbrief 2!

Tatsache 1	Tatsache 2	Tatsache 3
Viele Schüler benötigen für . . . . Hausaufgaben	*Hilfe wird von den . . . . . . selbst oder durch . . . . ge- leistet.*	*Eine Gruppe von Schülern erhält weder . . . . noch . . . .*

- -

*Viele Schüler benötigen für **schwierige** Hausaufgaben **Hilfe**.*	*Hilfe wird von den **Eltern** selbst oder durch **Nachhilfe** geleistet.*	*Eine Gruppe von Schülern erhält weder **Elternhilfe** noch **Nachhilfe**.*

Aus diesen **Tatsachen** folgt:

Kinder, denen bei Hausaufgaben nicht geholfen wird, sind . . . .
Dies aber widerspricht dem Prinzip der **Chancengleichheit**.

* E r g ä n z e die Lücke!

- -

benachteiligt

Damit ist die **These** „Hausaufgaben sollen abgeschafft werden" **begründet.**
Der „**Argumentationskreis**" hat sich geschlossen.

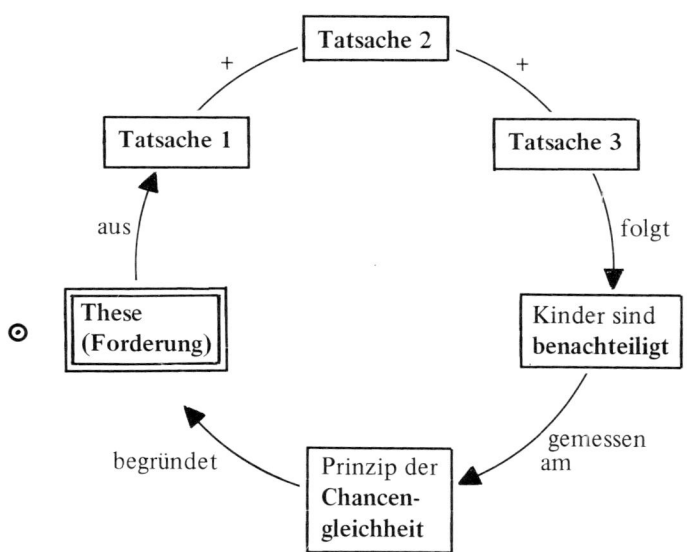

```
Merke:

Bei Erörterungen geht es häufig darum, Forderungen, d. h.
Thesen zu begründen.
Dies geschieht mit Argumenten, das sind die Elemente
einer Begründung, z. B. Tatsachen, Beobachtungen,
Untersuchungsergebnisse, wissenschaftliche Beweise usw.
```

Man verwendet den **Begriff These** aber auch noch in einem **anderen Sinn**. Gemeint sind **Behauptungen**, die mit Hilfe von **Argumenten** zu **beweisen** sind.

Dazu nochmal ein **Beispiel** aus **Leserbrief 2**:

| **These**
(Behauptung) | *Hausaufgaben nützen wenig.* |

| **Argumentation**
(Beweis) | *Es ist ja allgemein bekannt, daß viele Schüler Hausarbeiten lustlos machen. Daß dabei nicht allzuviel herauskommen kann, hängt mit der Tatsache zusammen, daß man nur dann, wenn man zu einer Arbeit motiviert ist, etwas Besonderes leisten kann. Dafür spricht auch eine Untersuchung, die schon vor Jahren im Fach Mathematik gemacht worden ist. Das Ergebnis: Hausaufgaben nützen wenig.* |

Auch diesmal läßt sich der Sachverhalt in einem **Argumentationskreis** darstellen:

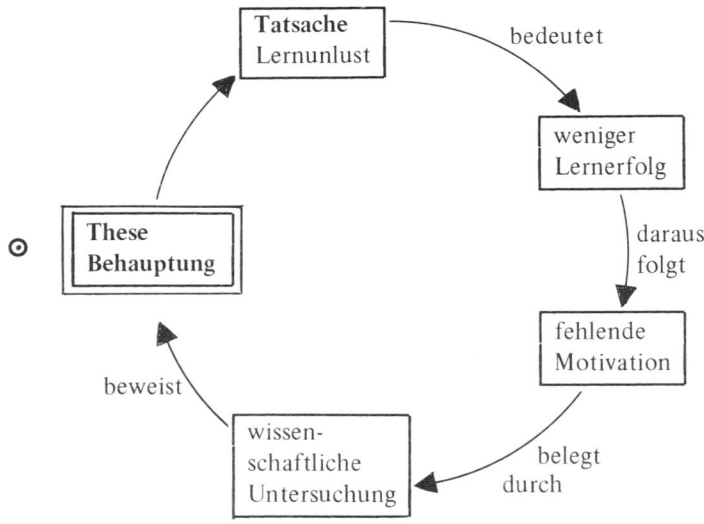

Nun betrachten wir zwei Beispiele aus den anderen beiden Leserbriefen. Den Beweis für die Behauptung, daß hier **nicht** so gut argumentiert wird, sind wir nämlich noch schuldig geblieben.

Ein **Beispiel** aus **Leserbrief 1**:

> *Meiner Meinung nach sind Hausaufgaben völlig überflüssig. Man lernt nämlich nichts dabei. Man macht Hausaufgaben doch nur, weil man sonst eine Strafe oder eine schlechte Note bekommt.*

Du kannst vielleicht selbst herausfinden, warum hier nicht gut argumentiert wird. Sehen wir uns den **ersten Satz** an. Er stellt eine **These** dar.

* Um welche These handelt es sich? Um eine **Forderung** oder um eine **Behauptung?**

Es handelt sich um eine **Behauptung.**

* Was müßte nun auf diese These folgen?

Der **Beweis** für die Behauptung.

* Was aber folgt tatsächlich? P r ü f e den nächsten Satz genau!

Eine **erneute Behauptung:** „Man lernt nämlich nichts dabei."
Dieser Satz müßte wiederum erst bewiesen werden. Dazu bräuchte man **Tatsachen, Beispiele.**

* U n t e r s u c h e den dritten Satz!

Es soll eine **Erklärung** für die Sinnlosigkeit von Hausaufgaben gegeben werden:

Man macht Hausaufgaben doch nur, weil man sonst eine Strafe oder eine schlechte Note bekommt.

Die Erklärung überzeugt nicht, weil es sich wieder um eine **Behauptung** handelt. Außerdem macht der Schreiber eine **unzulässige Verallgemeinerung**, denn er tut so, als würden **alle** Schüler (man!) nur aus den angegebenen Gründen Hausaufgaben machen, also aus Angst vor Strafe oder vor einer schlechten Note.

Ergebnis: Leserbrief 1 ist **nicht argumentativ**. **Behauptungen** werden lediglich **aneinandergereiht. Beweise fehlen.**

Sehen wir uns **Leserbrief 3 an!**

Viele Eltern können ihren Kindern bei den Hausaufgaben nicht helfen. Außerdem sind Hausaufgaben bei den meisten Schülern unbeliebt und werden deshalb häufig abgeschrieben.

* Worum handelt es sich bei **Satz 1**? Stellt dieser Satz eine **Forderung**, eine **Behauptung** oder eine **Tatsache** dar?

Eine **Tatsache**, die gar nicht nachgeprüft werden muß, weil sie allgemein bekannt ist.

* Was müßte nun im **nächsten Satz** folgen?

Eine **Erklärung**, weshalb aufgrund dieser **Tatsache** Hausaufgaben abgeschafft werden sollen.

* Was folgt im nächsten Satz tatsächlich?

Es folgt eine **neue Tatsache**, sie ist allgemein bekannt, bietet aber wiederum **keinen Bezug** zur **These.**

Ergebnis: Leserbrief 3 ist in seiner Argumentation besser als der erste, weil er **nicht nur Behauptungen** bietet, sondern auch **Tatsachen**. Leider wird zwischen den **Tatsachen** und der **These kein Bezug** hergestellt.

M e r k b l a t t 6

● Bei der **Argumentation** kommt es darauf an,

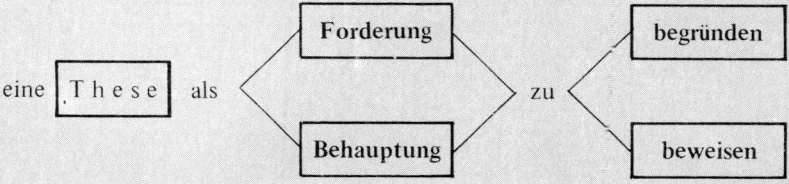

● **Thesen** lassen sich **begründen**, bzw. **beweisen** durch **Tatsachen (Beispiele)**, durch eigene **Beobachtungen**, **Ergebnisse** von **wissenschaftlichen Untersuchungen**, **Urteile** von **Fachleuten** usw.

● Entscheidend ist der **logische Zusammenhang** zwischen **These** und **Beweismittel**.

7. Stunde

Die Vertextung

Hinweis: Die Vertextung der Gliederung auf Seite 47 würde eine so lange Erörterung geben, wie man sie in einer Schulaufgabe niemals schreiben könnte (schon eher in einem Hausaufsatz). Die Gliederung ist daher als **Mustergliederung** zu verstehen, mit der das Thema einigermaßen erschöpfend dargestellt werden soll.
Für die folgende Vertextung wurde die Gliederung auf einen üblichen Umfang gekürzt.

Gliederung

A Immer mehr jugendliche Alkoholsüchtige in der BRD

B **Ursachen** des **steigenden Alkoholkonsums** bei **Jugendlichen**
   I)   Alkohol hat in der **Öffentlichkeit** ein „**positives Image**"
       Man verbindet damit
       1) mehr Männlichkeit
       2) bessere Kommunikationsmöglichkeiten

   II) Die **Umwelt verleitet** zum Alkoholgenuß
       1) durch Werbung
       2) bei Trinkanlässen

   III) **Falsches Erziehungsverhalten** der Eltern
       1) Gleichgültigkeit gegenüber den Kindern
       2) Eltern trinken selbst

   IV) **Probleme** des Jugendlichen
       1) In der **Schule**: Leistungsdruck und Konkurrenzkampf
       2) Mit sich **selbst**: Gefühl der Einsamkeit

C Ansatzpunkte für eine Bewältigung des Problems

A: Jetzt kann ich also endlich die Erörterung schreiben!

M: Ja, vertexten wir zuerst einmal die Einleitung. Dazu habe ich aus einem Zeitungsartikel einige interessante Zahlen für dich, sie stammen aus einer Frankfurter Untersuchung:

- die Zahl der Jugendlichen, die Alkohol trinken, hat sich von 1968 bis 1978 versechsfacht
- über 100 000 alkoholkranke Kinder und Jugendliche in der BRD

M: Nun ist die *Einleitung* wohl kein Problem mehr!

* A: Ich werd's versuchen!

- -

* Folgende Einleitung wäre möglich, v e r g l e i c h e !

Eine Frankfurter Untersuchung hat ergeben, daß sich die Zahl der Kinder und Jugendlichen, die Alkohol trinken, von 1968 bis 1978 versechsfacht hat. Diese Zahl ist alarmierend. Wenn man noch bedenkt, daß in der Bundesrepublik mehr als 100 000 Kinder und Jugendliche leben, die alkoholkrank sind, so muß man sich fragen, was die Ursachen für den gestiegenen Alkoholkonsum der jungen Menschen sind.

M: Wir können jetzt mit der *Vertextung* des *Hauptteils* beginnen. Wenn wir in der heutigen Stunde die ersten Punkte gemeinsam gemacht haben, wirst du sicher die restliche Erörterung zu Hause alleine bewerkstelligen.
Am besten, du versuchst jetzt erst einmal den *Gliederungspunkt I) 1)* zu schreiben. Das Argumentieren solltest du ja schon ein wenig können! Du mußt natürlich noch einmal in der *Stoffsammlung* nachsehen, was dir da so alles eingefallen ist.

* V e r t e x t e den Gliederungspunkt I) 1)!

- -

Hier ist die Lösung, die Andrea erarbeitet hat. Herr Martin ist – das kann schon jetzt gesagt werden – nicht ganz damit zufrieden!

Daß Jugendliche soviel trinken, hängt sicher auch damit zusammen, daß Alkohol in der Öffentlichkeit ein „positives Image" hat. So wird Alkoholgenuß als ein Zeichen von Männlichkeit betrachtet. Viele Jungen wollen frühzeitig als männlich gelten, darum trinken sie eben Alkohol.

M: Du hast zunächst geschrieben, daß Alkohol in der Öffentlichkeit ein positives Image hat, das soll wohl eine *Klärung* des *Oberbegriffs* sein, was es aber nicht ist. Du mußt den Oberbegriff durch *Beispiele* verdeutlichen. Vielleicht kannst du ihn klarer machen, wenn du einen Gegensatz zu Rauschgift herstellst! Versuche es also noch einmal!

* V e r b e s s e r e , wenn deine Vertextung ähnliche Mängel aufweist!

———————————————————————————————————

Ein Grund für den gestiegenen Alkoholkonsum der Jugendlichen liegt sicher darin, daß Alkohol im Gegensatz etwa zu Rauschgift in der Öffentlichkeit ein „positives Image" hat. Während der Genuß von Rauschgift als etwas Verwerfliches angesehen wird, braucht man sich nicht zu schämen, wenn man vor anderen Leuten ein Glas Bier oder Wein trinkt. Selbst ein leichter Rauschzustand wird bei uns niemandem verübelt. Es ist also verständlich, daß die allgemein positive Einstellung zum Alkohol dem Jugendlichen den Zugang dazu erleichtert. Schließlich möchte auch er an den positiven Wirkungen dieser Droge teilhaben.

Alkohol ist eine Droge wie Haschisch, LSD, Heroin.

M: So ist es richtig. Jetzt hast du den Oberbegriff gut erläutert. Aber erinnere dich noch einmal: Für den ersten *Unterbegriff* hast du geschrieben:

So wird Alkoholgenuß als ein Zeichen von Männlichkeit betrachtet. Viele Jungen wollen frühzeitig als männlich gelten, dann trinken sie eben Alkohol.

A: Ich sehe schon, ich habe wieder nur etwas behauptet, aber nichts bewiesen.
M: Ja. Überlege! Bei welchen Gelegenheiten läßt sich beobachten, daß Alkoholgenuß als ein Zeichen von Männlichkeit betrachtet wird?
A: Ja, wo denn? Zum Beispiel in der Werbung, da sind meist Männer auf den Anzeigen, wenigstens bei hochprozentigen Getränken. Oder wenn Männer zusammen trinken, am Vatertag, da kommen die sich ziemlich stark vor.

M: Siehst du! Das kannst du alles verarbeiten. Du darfst nur dabei nicht vergessen, den Zusammenhang mit dem vermehrten Alkoholgenuß des Jugendlichen herzustellen!

* A r b e i t e nun den Unterbegriff aus!

— —

Alkoholgenuß wird als ein Zeichen von Männlichkeit angesehen. Das läßt sich in der Werbung beobachten („harte Männer" trinken Hochprozentiges), vor allem aber im Trinkverhalten der Männer. Wer nichts „verträgt", gilt häufig nicht als „vollwertig". Wo Männer unter sich sind, spielt Alkohol eine große Rolle (Vatertag!). Was hat das alles nun mit dem Alkoholgenuß der Jugendlichen zu tun? Es reizt zur Nachahmung, denn für den Jungen hat Männlichkeit eine große Bedeutung, er mochte möglichst früh als Mann gelten. Mit dem Konsum von Alkohol glaubt er, seine Männlichkeit unter Beweis stellen zu können. Ich kenne viele Jungen, die mit ihrer Trinkfestigkeit angeben und gerne in Kneipen gehen.

M: Das hast du ausgezeichnet gemacht. Ich glaube, daß dir nun die restliche Vertextung nicht mehr allzu schwer fallen wird.

A: Alleine ist das aber nicht so einfach!

M: Ich weiß, deshalb will ich dir ein *Schema* geben, an dem du dich orientieren kannst, wenn du einen Punkt der Gliederung vertextest.

A: Könnten wir nicht doch noch zum Abschluß den nächsten Gliederungspunkt nach diesem Schema bearbeiten?

M: Meinetwegen, also paß auf!
Du eröffnest die Vertextung mit der *These*.

A: Das hieße bei I) 2): Der Alkohol verbessert die Kommunikationsmöglichkeiten der Menschen miteinander.

M: Richtig. Als nächstes mußt du dann *Beispiele*, d. h. *Beweise* bringen, daß die These *im allgemeinen stimmt, richtig* ist.

A: Da ist wohl gemeint, daß sich in unserem Fall durch Alkohol beim Zusammensein der Menschen die Stimmung bessert, daß Hemmungen vorübergehend abnehmen?

M: Ja. Nun kommt die *Anwendung* der als richtig erkannten These auf die *besondere Lage*, in der sich der Jugendliche befindet.

A: Also zum Beispiel, daß der kontaktarme Jugendliche hier eine Möglichkeit hat, Anschluß zu finden.

M: Genauso ist es. Zum Schluß muß dann wieder der *Bezug* zum *Thema* hergestellt werden.

48

A: Das Thema heißt: Ursachen des steigenden Alkoholkonsums bei Jugendlichen. Der Themabezug würde dann so aussehen: Der Jugendliche kann Kontaktschwierigkeiten durch Alkoholgenuß vorübergehend beheben, er muß aber immer wieder zu dieser Droge greifen, um diese Wirkung zu erzielen, wir haben also eine weitere *Ursache* für den Alkoholkonsum des Jugendlichen gefunden.

M: Nun kannst du auch diesen Punkt erörtern. Gehe dabei stets nach unserem Schema vor. Hier ist es noch einmal zusammengefaßt:

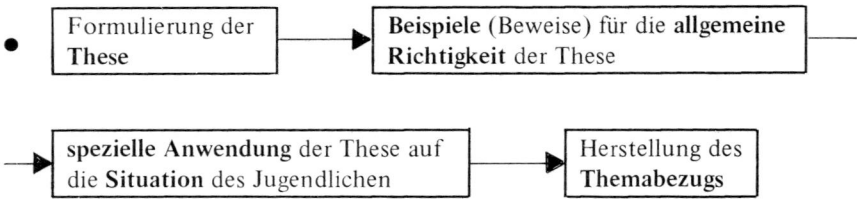

* V e r t e x t e nun den Gliederungspunkt I) 2)! S c h r e i b e an den Rand jeweils die einzelnen Punkte des Schemas!

- -

Eine weitere Ursache für den hohen Alkoholkonsum liegt in bestimmten von der Öffentlichkeit geschätzten Wirkungen, wie sie sich beim Trinken einstellen.	**These**
So erhöht Alkohol ohne Zweifel die Kommunikationsmöglichkeiten. Wenn Leute zum Vergnügen zusammensitzen und Alkohol trinken, hebt das die Stimmung. Man redet und lacht miteinander. Hemmungen nehmen ab, Kontaktschwierigkeiten werden verringert. Konflikte und Beschwerden treten in den Hintergrund, sie werden aber nicht beseitigt.	**Beispiele** für die **allgemeine Richtigkeit** der These
Besonders der kontaktarme Jugendliche sieht hier eine Möglichkeit, anderen näherzukommen. Allerdings um den Preis vermehrten Alkoholkonsums. Da er nämlich seine Schwierigkeiten im Umgang mit anderen nicht wirklich abbauen kann, gewöhnt er sich daran, Alkohol zu trinken, um die von ihm gewünschte Wirkung zu erzielen.	**spezielle Anwendung** der These auf den Jugendlichen **Themabezug**

Andrea hat nun soviel mit Herrn Martin gearbeitet, daß sie die restlichen Punkte der Gliederung alleine vertexten kann. Das Ergebnis ihrer Arbeit ist im folgenden zu lesen. Der Vollständigkeit halber ist auch der bereits erarbeitete Teil der Erörterung hinzugefügt.

Ursachen des steigenden Alkoholkonsums bei Jugendlichen

A   Eine Frankfurter Untersuchung hat ergeben, daß sich die Zahl der Kinder und Jugendlichen, die Alkohol trinken, von 1968 bis 1978 versechsfacht hat. Diese Zahl ist alarmierend. Wenn man noch bedenkt, daß in der Bundesrepublik mehr als 100 000 Kinder und Jugendliche leben, die alkoholkrank sind, so muß man sich fragen, was die Ursachen für den gestiegenen Alkoholkonsum der jungen Menschen sind.

B
I)   Ein Grund liegt sicher darin, daß Alkohol im Gegensatz etwa zu Rauschgift in der Öffentlichkeit ein ,,positives Image" hat. Während der Genuß von Rauschgift als etwas Verwerfliches angesehen wird, braucht man sich nicht zu schämen, wenn man vor anderen Leuten ein Glas Bier oder Wein trinkt. Selbst ein leichter Rauschzustand wird bei uns niemandem verübelt. Es ist also verständlich, daß die allgemein positive Einstellung zum Alkohol dem Jugendlichen den Zugang dazu erleichtert. Schließlich möchte auch er an den positiven Wirkungen dieser Droge teilhaben.

1)   Alkoholgenuß wird als ein Zeichen von Männlichkeit angesehen. Das läßt sich in der Werbung beobachten (,,harte Männer" trinken Hochprozentiges), vor allem aber im Trinkverhalten der Männer. Wer nichts ,,verträgt", gilt häufig nicht als ,,vollwertig". Wo Männer unter sich sind, spielt Alkohol eine große Rolle (Vatertag!). Was hat das alles nun mit dem Alkoholgenuß der Jugendlichen zu tun? Es reizt zur Nachahmung, denn für den Jungen hat Männlichkeit eine große Bedeutung, er möchte möglichst früh als Mann gelten. Mit dem Konsum von Alkohol glaubt er, seine Männlichkeit unter Beweis stellen zu können. Ich kenne viele Jungen, die mit ihrer Trinkfestigkeit angeben und gerne in Kneipen gehen.

2)   Eine weitere Ursache für den hohen Alkoholkonsum liegt in bestimmten von der Öffentlichkeit geschätzten Wirkungen, wie sie sich beim Trinken einstellen. So erhöht Alkohol ohne Zweifel die Kommunikationsmöglichkeiten. Wenn Leute zum Vergnügen zusammensitzen und Alkohol trinken, hebt das die Stimmung. Man redet und lacht miteinander. Hemmungen nehmen ab, Kontaktschwierigkeiten treten in den Hintergrund, werden aber nicht beseitigt. Besonders der kontaktarme Jugendliche sieht hier eine Möglichkeit, anderen näherzukommen. Allerdings um den Preis vermehrten Alkoholkonsums. Da er nämlich seine Schwierigkeiten im Umgang mit anderen nicht wirklich abbauen kann, gewöhnt er sich daran, Alkohol zu trinken, um die von ihm gewünschte Wirkung zu erzielen.

II)   Hat sich bisher ergeben, daß die positive Einschätzung des Alkohols in der Öffentlichkeit seinen Genuß bei Jugendlichen begünstigt, so will ich nun einige Beispiele erörtern, die zeigen, daß Jugendliche durch die Umwelt zum Alkoholgenuß geradezu verleitet werden können.

1) *Zuerst ist hier die Alkohol-Werbung zu nennen. Sie verleitet zum Alkoholgenuß, indem sie überall auf die Menschen einwirkt: im Fernsehen, in Illustrierten und auf Plakaten. Da sie nur positive Leitbilder verwendet (junge Menschen oder ältere Leute, die etwas im Leben erreicht haben, oder Vertrauen erwecken), erleichtert sie den Entschluß, zum Alkohol zu greifen. Gefahren des Alkohols werden verschwiegen, im Gegenteil: sein Genuß wird als eine Bereicherung dargestellt. Das positive Image dieser Droge in der Öffentlichkeit wird raffiniert vermarktet. Die Wirkung auf den Jugendlichen, der ja gerade in der Werbung eine erhebliche Rolle als Leitbild spielt, kann nicht ausbleiben. Er sieht sich in diesem Zusammenhang als eine wichtige – Alkohol konsumierende! – Figur und wird in seiner Neigung zum Trinken bestärkt.*

2) *Als weiteren wichtigen Punkt erörtere ich die zahlreichen gesellschaftlichen Anlässe, bei denen Alkohol getrunken wird. Ich denke da an Partys, Feiern der Erwachsenen, Schulausflüge usw. Das sind Gelegenheiten, bei denen Alkohol nicht fehlen darf, das hat sich eben so eingebürgert. Es ist sehr schwer, da nicht mitzumachen. Man würde schief angesehen, gewissermaßen als Spielverderber gelten. Viele halten es außerdem geradezu für lächerlich, wenn man keinen Alkohol trinkt. So lernen auch viele Jugendliche, die von sich aus nicht trinken würden, Geschmack und Wirkung des Alkohols kennen und schätzen.*

Miteinander reden ist besser als trinken.

III) *Eine große Rolle für das Verhältnis des Jugendlichen zum Alkohol spielen die*
1) *Eltern. So weiß man in Erziehungsberatungsstellen oder bei der Telefonseelsorge, daß Kinder und Jugendliche besonders unter der Gleichgültigkeit der Eltern ihnen gegenüber zu leiden haben. Das beginnt manchmal schon sehr früh: beide Elternteile gehen zur Arbeit, das Kleinkind wird in eine Kinderkrippe gebracht. Auch später, während der Schulzeit, sind viele Kinder tagsüber sich selbst überlassen; sie haben keinen Mangel an Taschengeld oder materiellen Gütern, wohl aber an Zuwendung. Kinder brauchen aber die positive Anteilnahme der Erwachsenen, sie benötigen das Gefühl elterlicher Nähe, um in Schwierigkeiten Trost, Sicherheit und Schutz zu empfinden. Andererseits brauchen sie auch Beschränkungen und eine gewisse Führung. Gleichgültigkeit verwehrt dem Jugendlichen dringenden Halt, mangelndes Interesse wird als Lieblosigkeit empfunden. Die Folge davon ist ein Gefühl der Leere und Verlassenheit. Wegen seiner sorgenvertreibenden Wir-*

kung – wenn auch nur sehr kurzzeitig – ist Alkohol für diese Jugendlichen häufig der einzige „Trost". Für sie führt der Weg dann leicht in die Alkoholkrankheit.

2) Ein noch größerer Anlaß, viel Alkohol zu trinken oder gar zum Alkoholiker zu werden, ist für den Jugendlichen dann gegeben, wenn seine Eltern selbst Trinker sind. In einer Zeitung habe ich folgenden Text gefunden: „Beate, 13 Jahre alt, trinkt am liebsten Rum. Ihre Eltern finden gar nichts dabei, denn beide sind Alkoholiker. Im Fotoalbum der Familie B. gibt es nur Bilder von Trinkgelagen. Seit ihrem zehnten Lebensjahr ist Beate dabei." Manche Jugendliche leiden am Alkoholismus ihrer Eltern und wehren sich. Viele aber beginnen selbst frühzeitig zu trinken, weil ihre Eltern sie nicht daran hindern, sondern geradezu verführen. So trinken Jugendliche fast zwangsläufig viel Alkohol, wenn es die Eltern auch tun. Leider ist dies bei immer mehr Erwachsenen der Fall, kein Wunder also, daß schon deswegen der Alkoholkonsum der Jugendlichen ansteigt.

IV) Ich komme zum letzten und wohl bedeutendsten Ursachenkomplex: ich meine die vielfältigen Probleme, mit denen die Jugendlichen fertig werden müssen. In der
1) Schule machen vor allem Leistungsdruck und Konkurrenzkampf dem Jugendlichen zu schaffen. Die Häufung der Schulaufgaben zu gewissen Zeiten, die bald unübersehbare Stoffülle, die zu bewältigen ist, und meist viele Hausaufgaben beanspruchen die Leistungsfähigkeit der Schüler aufs äußerste. Leider kommt noch der Wettbewerbscharakter unseres Schulsystems hinzu: von Anfang an ein strenges Ausleseprinzip beim Übertritt auf weiterführende Schulen oder beim „Notenkampf" für die Abschlußzeugnisse, die wiederum für die Berufschancen eine wichtige Rolle spielen.
So gelang es meinem Mitschüler Werner S. trotz großen Fleißes nicht, seine Noten zu verbessern. Er litt immer mehr unter Streß und begann schließlich – um mit seinen inneren Spannungen fertig zu werden – den Unterricht zu stören. Dadurch verschlechterten sich natürlich seine Leistungen noch mehr. Seine Eltern waren von ihm enttäuscht und bezahlten viel Geld für Nachhilfe. Werner mußte sich ständig Vorwürfe anhören, dabei hatte er ja sowieso schon ein schlechtes Gewissen. In dieser Zeit lernte er bei Freunden die „beruhigende" Wirkung des Alkohols kennen. Als seine Eltern davon erfuhren, verboten sie ihm sämtliche Freizeitaktivitäten. Werner empfand seine Lage nun als hoffnungslos und konnte ohne Alkohol nicht mehr leben, er war süchtig. Erst auf einer Beratungsstelle wurde den

Alkohol macht nicht die Probleme kaputt, sondern dich.

Eltern klar, was sie falsch gemacht hatten. Werner mußte zur Entziehungskur. Ich habe diesen Punkt so ausführlich erörtert, um klarzumachen, daß die Eltern im Zusammenhang mit Jugendalkoholismus oft eine besondere Rolle spielen. Wie soll ein Jugendlicher denn mit Mißmut, Unlust, schlechtem Gewissen und Minderwertigkeitsgefühlen fertig werden, wenn er gerade hier von seinen natürlichsten und wichtigsten Partnern, nämlich den Eltern, im Stich gelassen wird? Der Alkohol mit seiner kurzzeitig scheinbar problemlösenden Wirkung ist für viele wiederum oft der einzige Ausweg.

2) *Abschließend zu einem besonders schwerwiegenden Problem. Obwohl Kinder und Jugendliche meistens mit vielen Menschen zusammen sind, fühlen sich manche von ihnen doch sehr einsam. Die bloße Gegenwart anderer Menschen befriedigt aber noch nicht, man muß schon in einer lebendigen Beziehung zu ihnen stehen. Sehr häufig ist die Beziehung zu den Eltern gestört, darüber habe ich schon öfter in diesem Aufsatz geschrieben. Auch mit den Lehrern gibt es gelegentlich persönliche Probleme. Noch schwerwiegender ist es, wenn Kontaktschwierigkeiten zu den Mitschülern auftreten, wenn man in einer Gruppe nicht anerkannt, nicht geschätzt wird, wenn die anderen es nicht für wichtig finden, einen miteinzubeziehen. Das kann zu unerträglichen Schmerzgefühlen führen, vor allem dann, wenn es dem älteren Jugendlichen nicht gelingt, eine vertrauensvolle Beziehung zu einem Freund oder einer Freundin aufzubauen. Sicherlich haben die meisten Jugendlichen Schwierigkeiten auf irgendeinem dieser sozialen Felder, sind aber nahezu alle dieser Beziehungen gestört, dann führen Depression und innere Leere zu unerträglicher Vereinsamung und eben damit häufig zu Alkoholismus. Wieder übernimmt die Droge Alkohol ihre Aufgabe als Tröster und letzte Fluchtmöglichkeit.*

C *Ich habe in dieser Erörterung zu zeigen versucht, daß die Ursachen für den vermehrten Alkoholkonsum des Jugendlichen zum Teil in der Einstellung der Öffentlichkeit zum Alkohol, sowie in den Trinkgewohnheiten der Gesellschaft liegen. Ich hoffe aber, daß ich klargemacht habe, daß die schwerwiegenderen Gründe in Konflikten des Jugendlichen mit seinen Eltern, den Mitmenschen und mit der Gesellschaft zu suchen sind. Hier wird man vor allem Ansatzpunkte für eine Bewältigung des Problems suchen müssen. So wichtig Einrichtungen wie Erziehungsberatung, Drogenberatung, Telefonseelsorge usw. auch weiterhin sein werden, eine wesentliche Veränderung darf man sich von ihnen allein nicht erwarten. Entscheidend wird eine Neubesinnung der Erwachsenen sein. Es wird darauf ankommen, daß man sich bei Kindern weniger um Wohlstand als um zärtliche Zuwendung sorgt, daß man die Umwelt der Kinder, vor allem die Schule, menschlicher macht.*

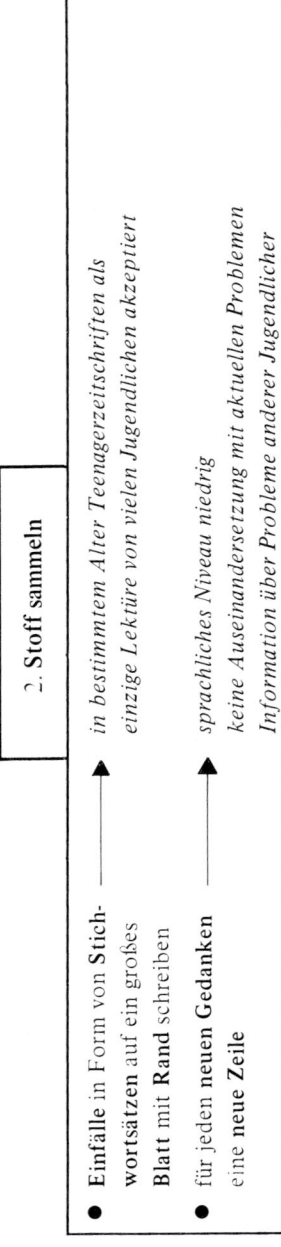

Wie eine Erörterung entsteht, eine Übersicht über die einzelnen Arbeitsschritte

1. Das **Thema** analysieren

Arbeitsschritte

- Thema gründlich durchlesen ⟶
- den **Leitbegriff** suchen und **verstehen** ⟶
- **Themafrage** stellen ⟶

Themenbeispiel

Thema: *Teenagerzeitschriften – eine sinnvolle Lektüre?*

Teenagerzeitschrift

Teenagerzeitschriften sind meist wöchentlich erscheinende Jugendmagazine (für 12 bis 16jährige) wie Bravo, Rocky etc.

Sind Teenagerzeitschriften eine sinnvolle Lektüre? (Eine **Entscheidungsfrage,** die mit ja oder nein beantwortet werden muß.)

2. **Stoff sammeln**

- **Einfälle** in Form von **Stich-wörtsätzen** auf ein großes **Blatt** mit **Rand** schreiben ⟶
- für jeden neuen **Gedanken** eine neue Zeile ⟶

in bestimmtem Alter Teenagerzeitschriften als einzige Lektüre von vielen Jugendlichen akzeptiert

sprachliches Niveau niedrig

keine Auseinandersetzung mit aktuellen Problemen

Information über Probleme anderer Jugendlicher

3. den Stoff ordnen

- **Stoffsammlung durchlesen und inhaltlich zusammengehörende Punkte mit gleicher Farbe** kennzeichnen, anschließend

➤ Berichte über Motorradrennen
Plattenbesprechungen
Freizeitsektor ist Thema Nr. 1
Starposter
Tourneeberichte von Popstars
Starkarteien

- für zusammengehörende Punkte **Oberbegriffe** suchen

➤ Informationen über Popstars
(= Oberbegriff für Starkarteien, Starposter, Tournee-berichte usw.)

4. gliedern

- die geordnete Stoffsammlung wird gegliedert nach **Obersatz**

➤ Was spricht dafür, Teenagerzeitschriften als sinnvolle Lektüre zu bezeichnen?

Oberbegriff ➤ 1) Teenagerzeitschriften sind für viele Jugendliche die einzig akzeptierte Form von Lektüre, weil sie

Unterbegriff ➤ 1) Informationen über Popstars bringen

Unterpunkte ➤ a) Starkarteien
b) Poster
c) Tourneeberichte

5. einleiten – schließen

- **Einleitung:** z. B. **persönlicher Gedanke** oder aktueller Bezug, etwas Ähnliches, ein Zitat, ein Gegensatz usw.

  → *... meiner Meinung nach ist grundsätzlich nichts dagegen einzuwenden, wenn Verlage Zeitschriften herausbringen, die sich besonders mit den Problemen und Interessen der 12 bis 16jährigen befassen. Es ist aber ...*

- **Schluß:** z. B. **Zusammenfassung** oder eine Folgerung, persönliche Stellungnahme, ein Ausblick usw.

  → *... meine Erörterung hoffentlich gezeigt, daß Teenagerzeitschriften zwar auf berechtigte Interessen der Jugendlichen eingehen, daß sie aber keine Anregung für eine Auseinandersetzung mit aktuellen gesellschaftlichen oder politischen Themen bieten ...*

6. vertexten

- bei der **Argumentation** sind **Thesen** als **Forderung** zu begründen

  → *Teenagerzeitschriften sollen es unterlassen, Pubertätsprobleme in Bildergeschichten zu verpacken, weil damit lediglich die Schaulust des Lesers befriedigt wird. Nur eine sachliche Darstellung kann zum Denken herausfordern ...*

- **Thesen** in der Form von **Behauptungen** sind zu **beweisen**

  → *Teenagerzeitschriften lenken den Jugendlichen von elementaren Fragen ab, weil sie sich fast ausschließlich mit den Popidolen der 12 bis 16jährigen beschäftigen, so daß für den Jugendlichen der Eindruck einer heilen Welt entstehen muß, in der eine Auseinandersetzung mit Politik, Energieversorgungsproblemen usw. nicht gefragt ist ...*